KB124106

13세부터 시작하는
사춘기
멘탈 케어

야스카와 사다아키 [편저]

시바타 미츠히로, 기스 치아키 [저]

몸과 마음이
편해지는 **46**가지
셀프 매니지먼트

루덴스미디어

이 책을 읽는 여러분에게

지금 여러분의 마음은 어떤 상태인가요?

'마음이 불안해'

'사소한 일도 너무 신경 쓰여'

'주위 사람들이 날 어떻게 볼지 신경 쓰여서 견딜 수 없어'

'화를 담아 두고 자책하게 돼'

몸도 마음도 성장하는 10대이기에 분노와 불안, 초조, 무력감, 자기 부정, 고독감 등 지금까지 경험한 적 없는 감정이 생겨 곤혹스러울 때가 있을 거예요.

10대는 가족이나 친구 등 인간관계에 대한 고민 이외에도 중학교나 고등학교 진학, 수험, 진로 선택 등 환경 변화가 많아, 계속해서 고민이 나타나는 때입니다.

또한, 그러한 여러 가지 마음의 고민이 몸에도 나타날 수 있습니다. '몸이 굳어서 손발이 떨린다', '자주 두통이나 복통이 있다', '목이 꽉 막힌 듯한 느낌이 든다', '아침에 몸이 움직이지 않는다' 등, 마음의 불안과 긴장이 컨디션 난조로 이어지는 경우도 많습니다.

여러분은 분명 노력파일 거예요. 성실하고 항상 열심히 살아왔기 때문에 몸과 마음에 스트레스를 쌓아 놓고 마는 것이지요.

이 책에서는 실제 10대 친구들이 느끼는 여러 심신의 상태를 조사하여, 46가지 사례와 함께 자기 자신의 마음 상태를 어떻게 케어하면 좋을지 '스스로 할 수 있는 멘탈 케어 방법'을 소개합니다.

직접 할 수 있을 것 같은 방법부터 꼭 시험해 보세요.

이 책에서 멘탈 케어의 중심이 되는 것은 스트레스를 관리하는 사고법과 기법입니다. 스트레스 관리란 스트레스에 대해 배우고, 스스로 스트레스를 가볍게 느끼는 방법과 사고법을 몸에 익히는 것이에요. 스트레스 그 자체를 없애는 것이 아니라 '관리해서 마음을 편하게 만들자'는 학문입니다.

예를 들면,

·엄청 열심히 했으니까 → 조금 쉬자.

·긴장되니까 → 우선은 심호흡하자.

·혼잡함에 지쳤으니까 → 자연을 느껴 보자.

등 작은 행동 하나로 기분을 전환(코핑)할 수 있고 마음이 편해질 수 있습니다.

벅차다고 느껴질 때는 잠시 쉬며 여유롭게 지내면서 자신을 돌보아 주세요.

'마음'과 '몸'이 편해졌을 때 다시 나아가면 되니까요.

어떤 스트레스를 받고 있는지 우선은 다음 페이지에서 스트레스 체크로 확인해 보세요.

야스카와 사다아키

스트레스 체크를 해 보자!

이럴 때가 있지 않나요?
지금 자신에게 필요한 케어부터 시작해 보아요.

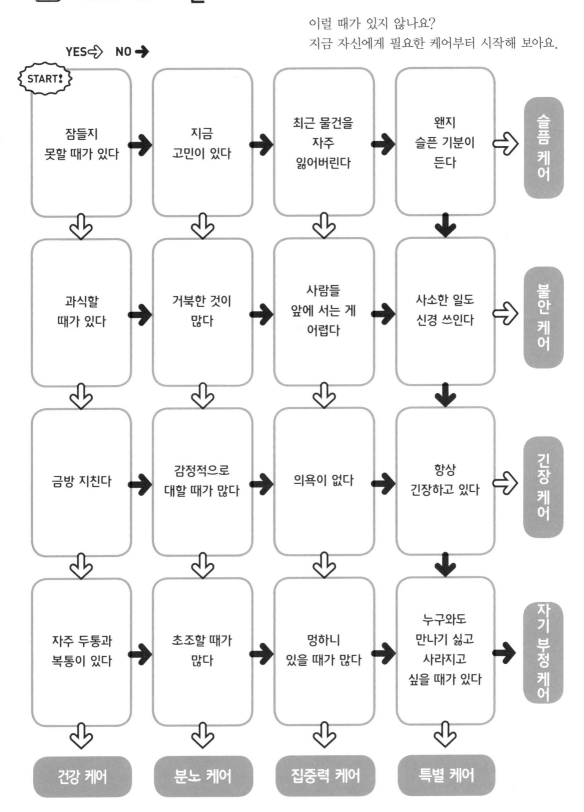

YES ⇨   NO ➡

START!

| 잠들지 못할 때가 있다 | 지금 고민이 있다 | 최근 물건을 자주 잃어버린다 | 왠지 슬픈 기분이 든다 | 슬픔 케어 |

| 과식할 때가 있다 | 거북한 것이 많다 | 사람들 앞에 서는 게 어렵다 | 사소한 일도 신경 쓰인다 | 불안 케어 |

| 금방 지친다 | 감정적으로 대할 때가 많다 | 의욕이 없다 | 항상 긴장하고 있다 | 긴장 케어 |

| 자주 두통과 복통이 있다 | 초조할 때가 많다 | 멍하니 있을 때가 많다 | 누구와도 만나기 싫고 사라지고 싶을 때가 있다 | 자기 부정 케어 |

건강 케어   분노 케어   집중력 케어   특별 케어

CONTENTS

심장이 두근두근한다

'두근두근'할 일은 일상생활 속에서 셀 수 없을 정도로 많이 있습니다.

수업 중에 선생님께서 질문했을 때, 그다지 친하지 않은 사람과 이야기를 해야 할 때,

자리 바꿀 때, 동아리 대회나 학원 발표회 때……

'두근거림'을 느낄 때 마음속은 '불안'과 '긴장'으로 가득 찬 상태입니다.

하지만 '긍정적인 기분'일 때도 똑같이 심장의 고동을 느낄 수 있었을 거예요.

불안에서 오는 '두근두근'은 긍정적 사고를 통해 '설렘'으로 바꿀 수 있습니다.

'두근두근'을 '설렘'으로 변환해 보아요.

플러스 사고로 '두근두근'을 '설렘'으로!

긍정적으로 뭐든지 적극적으로 대할 수 있는 마음의 상태를 플러스 사고라고 합니다. 불안이나 긴장은 누구나 느끼는 당연한 감정입니다. 하지만 그것을 과하게 느껴 버리면 본래 인간성이나 능력을 발휘하지 못할 수도 있습니다.

마음을 플러스 사고로 변환!

실패하면……. ➡ 여기서 성공한다면…….

어차피……. ➡ 이왕이면…….

일상 속에서 긍정적으로 사고하는 것을 습관화함으로써 '두근두근'을 '설렘'으로 변환시킬 수 있습니다.

스트레스
코핑

자세에서 마음으로 접근하기

낙담하거나 자신이 없을 때는 몸이 자연스럽게 아래로 향하며 등이 둥글게 말립니다. 반대로 긍정적인 기분이면 시선도 위를 향하게 되지요. 마음의 상태와 자세는 연동하고 있습니다. 이 말은 바른 자세를 하는 것만으로도 마음을 컨트롤할 수 있다는 뜻입니다. 마음이 불안할 때일수록, 가슴을 펴고 바른 자세를 취할 수 있도록 의식해 보아요.

POINT
① 긍정적 사고를 습관화하자.
② 가슴을 펴고 바른 자세를 취하자.

마음이 불안하다

무슨 일이 있는 건 아니지만 왠지 안절부절못하여 마음이 불안할 때가 있습니다.

원인을 알면 대처법도 생각해 낼 수 있을 텐데, 원인도 떠오르지 않을 때가 있을 거예요.

그럴 때는 우선 확실하게 휴식을 취하도록 하세요. 큰 문제가 있는 건 아니어도, 작은 것이 쌓이고 쌓여 조금씩 여러분의 마음과 몸을 힘들게 하는 것일지도 모릅니다.

지친 마음과 몸으로 앞일을 생각하다 보면, 아무 일도 일어나지 않았는데 지레 불안을 느끼고 쉽게 부정적인 사고를 하게 됩니다.

마음이 진정되지 않을 때는 앞날이나 과거에 얽매이지 말고 '지금 이 순간'에 눈을 돌려 봅시다.

스트레스 코핑

마인드풀니스

자신의 몸 하나하나에 마음을 새기면서 '지금 이 순간'에 집중해 봅시다.

---

❶ 몸에 힘을 빼고 누워서 코로 숨을 들이마시고, 입으로 천천히 내뱉습니다. 그 호흡을 반복합니다.

---

❷ 호흡을 반복하면서 몸 구석구석에 의식을 집중시켜 갑니다.

---

❸ 먼저 바닥과 몸이 닿는 감각에 의식을 집중시킵니다.

---

❹ 숨을 들이마실 때 배가 부풀고, 내뱉을 때 배가 꺼지는 것을 느껴 봅니다.

---

❺ 의식을 발에 집중시킵니다. 양발의 발끝에 어떤 감각이 느껴지나요? 아무것도 느껴지지 않을 경우, 느껴지지 않아도 괜찮습니다. 아주 조금 느껴질 경우, 그 아주 작은 감각에 의식을 집중시켜 봅시다.

---

❻ 숨을 들이마실 때 신선한 공기가 몸속에 고루 퍼지고, 발끝까지 전해지는 것을 상상해 보세요. 숨을 내뱉을 때는 반대로 발끝에서 입을 통해 바깥으로 빠져나가는 것을 상상해 봅시다.

---

❼ 그다음 의식을 발끝에서 발바닥으로 옮겨 보세요. 그 후 발등, 발뒤꿈치 순서로 의식을 이동시켜 갑니다.

---

❽ 그다음 발목, 정강이, 무릎, 허벅지, 엉덩이, 허리, 등, 배, 가슴으로 이동시켜 보세요.

---

❾ 그리고 양손의 손끝, 손바닥, 손등, 손목, 팔꿈치, 팔 전체, 어깨, 목, 얼굴로 의식을 이동시켜 보세요.

---

❿ 마지막으로 지금 마음이 온몸을 향해 있다는 감각을 느껴 봅시다.

 POINT

① 천천히 휴식을 취하자.
② 명상을 통해 지금에 집중하자.

3 릴랙스할 수 없다

긴장 케어

릴랙스하고 싶지만 아무리 애를 써도 릴랙스할 수 없는 건 왜일까요?

혹시 공부나 동아리 활동 등으로 바쁜 나날을 보내고 있지는 않나요?

사실 하루를 바쁘게 보내다 보면 막상 릴랙스하려 해도 릴랙스할 수 없는 상태가 돼 버리고 맙니다.

그리고 그 상태가 오랫동안 계속되면 '자율 신경'의 밸런스가 무너질 수도 있습니다.

자율 신경은 본인의 의지와 상관없이 호흡, 혈액 순환, 체온 조절, 소화, 배설 등 '살기 위한 기능'을 무의식중에 조절하는 일을 하고 있습니다.

그 밸런스가 무너지면 몸의 통증이나 정신적인 침체 등 심신에 다양한 영향이 나타납니다.

그렇게 되기 전에 자신의 몸과 마음을 릴랙스하는 방법을 익혀 봅시다.

제2의 심장에서 접근하기

평소에 의식하여 릴랙스하는 시간을 갖도록 합시다. 잠깐 책상에서 벗어나 좋아하는 음료를 천천히 마셔 보는 건 어떨까요? 좋아하는 향을 맡는 것도 좋아요. 냄새는 뇌에 바로 작용하기 때문에 좋아하는 향을 릴랙스 타임에 활용하면 마음이 차분해집니다.

또한 릴랙스 타임에는 발 마사지도 좋습니다. 종아리부터 발끝까지는 혈액을 상반신으로 끌어올리는 펌프 역할을 하므로 '제2의 심장'이라고 부릅니다. 족욕 등으로 발을 따뜻하게 하면 전신의 혈액 순환이 좋아져 릴랙스할 수 있습니다. 또, 발끝에서 종아리를 부드럽게 마사지하는 것도 효과적입니다.

POINT
① 좋아하는 향을 맡으며 안정을 취하자.
② 발끝부터 종아리를 마사지하자.

몸이 굳어서 손발이 떨린다

여러분은 지금 평소 익숙하지 않은 일이나 어려운 일에 도전하려고 합니다.

몸의 떨림은 여러분이 진심으로 열심히 하려고 한다는 증거예요.

사람은 열심히 하려고 할 때 몸이 떨릴 수 있습니다.

그래서 손발이 떨릴 만큼 불안을 느끼는데도 애쓰는 '나' 자신을, 지금까지 했던 '나'의 노력을 우선은 칭찬해 줍시다.

그리고 그런 '나'를 스스로 격려해 줍시다.

결코, 평소 이상의 것을 추구하는 것이 아니라, 평소의 '나'로도 괜찮습니다.

우선은 릴랙스해 보자

지금 여러분은 굉장히 긴장하고 몸이 굳어 있는 상태입니다. 31쪽에 있는 이미지 호흡법 등의 릴랙세이션을 하면서 릴랙스해 봅시다.

또한, 사람은 미래가 보이지 않으면 불안해집니다. 반대로 미래를 확실하게 예측할수록 안심할 수 있지요. 앞날을 내다보기 위한 구체적인 계획을 세워 봅시다.

구체적인 계획 세우기

시간·행동·유의점 등을 자세하게 구체적으로 계획해 봅시다.

○월 ○일 ○요일

도전		코핑	나에게 보내는 메시지
9:00 ~ 12:00	테스트	• 호흡법 • 태핑 (87쪽)	★지금까지 열심히 했으니까 괜찮아!!
12:00 ~ 13:00	도시락		★천천히 먹자!
13:00 ~ 15:00	발표	• 자세 바르게 • 어서션 (59쪽)	★너무 애쓰려 하지 말고 평소대로 하자!
15:00 ~ 17:00	귀가		
17:00 ~ 20:00	목욕 식사	• 릴랙스 타임	★수고했어, 잘했어!
20:00 ~ 23:00	TV 게임 일기	• 가벼운 스트레칭	★빨리 자고 피로를 싹 풀자!

 ① 몸을 릴랙스하자.
② 구체적인 계획을 세워 보자.

다른 사람이 혼날 때 불안해진다

나 이외의 다른 누군가가 혼날 때 긴장하거나 불안해하고 심장이 두근거리는 여러분은 굉장히 마음씨가 착한 사람입니다. 누군가가 혼나는 것에 가슴이 아프거나 자신이 혼나는 듯한 기분이 드는 등, 선생님이 화가 났을 때 강한 불안을 느끼는 일이 많지 않나요?

여러분은 굉장히 감수성이 풍부하고 주위에서 일어나는 일에 대해서도 민감하게 반응하는 성격의 소유자입니다. 이것은 타고난 성질이므로 스트레스가 쌓였을 때 특히 불안을 강하게 느낄 수도 있습니다.

하지만 많은 것들을 신경 쓰고, 타인의 사소한 변화도 놓치지 않는 여러분의 높은 안테나는 장점이 될 수 있습니다.

마음을 진정시키고 친구에게 말을 걸어 보자

다른 사람이 혼나는 것을 보고 불안해졌을 때는 그 자리에서 천천히 깊게 호흡을 반복하여 자신의 마음을 진정시킵시다.

항상 주의 깊게 주위를 관찰하는 여러분은 타인의 마음에 다가가 도와줄 수 있는 사람입니다. 여러분이 불안해졌을 때 혼나는 사람은 더 불안합니다. 그 사람이 혼자가 됐을 때, "괜찮아?", "선생님 무서웠지?"라고 말을 걸어 주세요.

혼자서 무언가에 몰두하는 시간 만들기

감수성이 풍부한 당신은 주위의 사건이나 누군가의 감정에 마음이 흐트러지기 쉽습니다. 하루 중 잠깐이라도 혼자 보내는 시간을 만들면 마음이 편안해집니다.

혼자만의 시간에 그림을 그리거나 무언가 조립하는 등 풍부한 감수성을 살려 몰두할 수 있는 것을 해 보는 것도 추천합니다.

POINT

① 말을 걸어 같은 마음이라는 것을 확인하자. 자신과 상대방, 양쪽 다 도울 수 있습니다.

② 혼자서 무언가에 몰두하는 시간을 만들자.

6 사람 많은 곳이 불편하다

긴장 케어

사람이 많은 곳에 가면 그 장소에서 도망치고 싶거나 과도하게 지치는 등 컨디션이 나빠지지는 않나요? 무리하게 인파가 붐비는 곳에 갈 필요는 없습니다.

지금 여러분은 마음의 상태가 불안정하여 주위 사람이나 풍경, 잡음 등도 강한 자극이 되어 괴로움을 느끼게 된 거예요. 마음 상태는 안심할 수 있는 장소에서 푹 쉬면 틀림없이 좋아집니다. 지금은 무리하게 사람이 많은 곳에 가지 말고 조용한 장소에서 느긋하게 지내봅시다.

마음의 상태가 불안정한 사람과는 별개로, 원래부터 사람이 많은 곳이 어려운 사람도 있습니다. 세상에는 많은 사람과 엮이지 않아도 되는 일도 많이 있어요. 자신이 자신답게 지낼 수 있는 미래는 분명 있으니 안심하세요.

자연을 좋아하나요?

산림욕(산림 등 자연이 풍부한 장소에서 쉬거나 걷는 것)은 스트레스 호르몬이라고 불리는 코르티솔을 감소시키거나 병과 싸우는 NK(내추럴 킬러) 세포를 증가시키는 등의 효과가 있다고 보고되고 있습니다.

지금은 사람이 많은 곳에 무리하게 갈 필요가 없습니다. 자연을 가까이 느낄 수 있도록 의식하며 생활해 봅시다.

스트레스 코핑
자연을 생활화하기

■ 실내에서

- 포스터, 달력, 그림엽서나 사진 등으로 대자연의 아름다운 풍경을 바라봅시다.
- 관엽 식물, 꽃, 뿌리 식물, 허브 등의 식물을 키워 봅시다.

■ 실외에서

근처 공원, 절, 통학로, 교정 등에서 푸르름을 찾아봅시다.
그 외에도 강이나 바다를 바라보거나 하늘을 올려다보는 등, 자연을 가까이 느끼며 마음을 치유해 보세요.

POINT
① 무리하게 사람이 많은 곳에 가지 않도록 하자.
② 자연과 맞닿아 살며 마음을 치유하자.

불안 케어

사소한 일도
신경 쓰고 만다

사소한 일에 신경이 쓰여서 온종일 그 생각이 머리에서 떠나지 않을 때도 있습니다. 신경 쓰이는 일에 질질 끌려다니다 마음이 가라앉을 때도 있을 거예요.

그건 여러분이 항상 주위의 일을 잘 살펴보고 있다는 증거입니다. 모두가 눈치채지 못한 작은 변화도 금방 깨닫거나 누군가를 몰래 도와주는 등, 여러분의 그 신중하고 사려 깊은 성격에 도움을 받는 사람도 분명 있을 거예요.

단, 너무 신경을 쓰는 게 괴롭다면 천천히 바뀌어도 좋으니 생각하는 습관을 조금씩 고쳐 나가 봅시다.

자신을 인정해 주자

자기 자신에게 자신이 없어 사소한 일에도 신경 쓰는 이유는, 무의식적으로 타인과 비교하거나 주위의 눈을 의식하기 때문은 아닌가요? 여러분은 여러분 그 자체로도 괜찮습니다. 중요한 것은 어떠한 자기 자신도 온전히 인정해 주는 것이에요.
앞으로 여러분의 그 성격을 살릴 수 있는 역할이나 기회도 많이 있을 거예요.

어쨌든 종이에 써 보기

종이를 준비하고 신경 쓰이는 일을 어쨌든 전부 다 적어 봅시다. 자신이 느끼는 그대로 솔직한 마음을 가능한 한 자세하게 써 보세요. 그리고 써낸 것 중에서 '끝난 것', '어쩔 수 없는 것'을 꾸겨서 버립시다. 아웃풋(밖으로 내보내는 것)함으로써 자신을 객관적으로 바라볼 수 있고 불안한 마음이 가벼워집니다.

POINT
① 자기 자신을 인정해 주자.
② 신경 쓰이는 일을 가능한 한 자세하게 많이 써 보자.

주위에서 어떻게 볼지 신경 쓰인다

항상 주위의 눈을 신경 쓰는 여러분은 언제나 전전긍긍하며 스트레스를 많이 받을 거예요. 본인에게 자신이 없어서 주위의 평가를 너무 신경 쓰고 있는 것 같습니다.

중요한 것은 '나는 있는 그대로의 나로도 괜찮다'는 거예요. 우선 기준을 '타인'에서 '자신'으로 바꿔 봅시다.

'나는 어떻게 생각하는지', '나는 어떻게 하고 싶은지'로 생각하는 습관을 들여 보세요.

만약 긴장이나 불안이 커져서 자신에게 의식을 집중할 수 없을 때는 호흡법 등의 릴 랙세이션을 실천해 봅시다.

나답게 있을 수 있는 장소는 어디?

여러분이 여러분답게 있을 수 있는 장소가 있나요? 집도 좋고, 동아리방도 좋고, 초등학교 때 친구와 있었던 곳 등도 좋아요. 자신에게 있을 곳이 있다는 것은 있는 그대로의 자신을 드러낼 수 있는 장소가 있다는 뜻입니다. 자신답게 있을 수 있는 곳을 소중히 합시다.

나를 기준으로 하기

지금까지 여러분은 항상 '타인'을 기준으로 삼았습니다. 앞으로는 '자신'을 기준으로 삼아 봅시다.

지금 나의 기분은?
이전의 나와 비교해 보면 어때?
나는 어떻게 하고 싶어?

POINT
① 나답게 있을 수 있는 장소를 찾자.
② 자신을 기준으로 삼아 생각하는 습관을 들이자.

신경 쓰이는 게 머릿속에서 떠나질 않는다

한번 신경 쓰이는 일이 생기면 계속 그 일이 머릿속에서 뱅글뱅글 돌아서 '그때 좀 더 이렇게 했으면 좋았을 텐데……', '그때 날 어떻게 생각했을까……' 하고 신경 쓰는 여러분.

평소에도 자신이나 타인의 사소한 말과 행동도 되돌아보며, 언제나 최선을 목표로 하는 높은 의식이 엿보입니다. 다른 사람들은 좀처럼 하기 힘든 것이죠.

이미 지난 일이니까 잊어버리고 싶어도 자기도 모르게 꼬리에 꼬리를 물고 생각하기 십상이기에 기분 전환이 조금 어려울 거예요.

'이제 잊자, 잊어버리자'라고 생각해도 괜히 머릿속이 뒤죽박죽되어 좀처럼 생각을 지울 수 없지요. 그럴 때는 기분 전환을 위해 스위치의 수를 늘려 봅시다.

전환 스위치를 찾자!

기분 전환 스위치의 수와 종류가 많으면 많을수록 몸과 마음이 함께 건강해질 수 있다고 합니다. 아주 사소한 것이라도 좋으니 되도록 많은 전환 스위치를 만들어 둡시다.

예를 들어, '맛있는 케이크 먹기', '좋아하는 드라마 보기' 등도 훌륭한 스위치가 될 수 있습니다.

스위치 레퍼토리 쓰기

어떤 전환 스위치든 OK. 생각이 나는 대로 가능한 한 많이 써 보세요. 다 쓰면 모든 스위치를 눌러 봅시다.

1	즐겁게 댄스 추기	11	책상 정리하기	21	꽃에 물 주기
2	방 청소하기	12	게임을 하기	22	일기 쓰기
3	잡초 뽑기	13	방 배치 바꾸기	23	책 읽기
4	좋아하는 음악 듣기	14	산책하기	24	직소 퍼즐 하기
5	잠자기	15	강아지랑 놀기	25	물고기 밥 주기
6	여유롭게 자전거 타기	16	'오늘의 한마디' 만들기	26	좋아하는 음료 마시기
7	만화책 읽기	17	그림 그리기	27	맛있는 케이크 먹기
8	아이스크림 먹기	18	가족과 수다 떨기	28	노래 부르기
9	개그 프로그램 보기	19	작사, 작곡하기	29	고양이와 놀기
10	요리하기	20	샤워하기	30	화장실 가기

스위치 ON !

POINT

① 어떤 사소한 것이든 OK. 가능한 한 많은 전환 스위치를 만들자.

② 스위치는 전부 여러분을 구하는 재산입니다.

실패하면 어쩌지란 생각을 한다

'실패하면 어쩌지?'라고 생각하는 여러분은 분명 지금 중요한 일에 직면해 있을 거예요. 그만큼 지금까지 열심히 노력해 왔다는 증거이고, 여러분의 노력을 지켜보고 있는 사람은 분명 있습니다.

인간이 최대의 힘을 발휘할 수 있는 상태는 릴랙스와 긴장 사이에 있을 때라고 합니다. 누구나 앞을 내다볼 수 없는 미래는 불안합니다. 반대로 구체적인 이미지가 있다면 안심하고 앞으로 나아갈 수 있지요. 여러분이 가진 힘을 발휘할 수 있도록 이미지 트레이닝을 해서 안심하고, 중요한 일에 맞설 수 있는 심신의 상태를 만들어 봅시다.

이미지 트레이닝

이미지 트레이닝은 사전에 머릿속으로 시뮬레이션하는 트레이닝입니다. 사전에 명확한 성공의 이미지를 그릴 수 있다면 실전은 이미지대로 하기만 하면 됩니다.
더욱 구체적인 이미지를 그릴 수 있다면 자신감을 가지고 임할 수 있을 거예요.

❶ 자신의 '이렇게 하고 싶다'는 이미지를 떠올려 봅시다.
❷ 그것이 생각한 대로 이루어진 후의 이미지를 떠올려 봅시다.
❸ ❶, ❷를 '자신의 시점'으로 이미지를 떠올려 봅시다.

POINT

① 성공의 이미지를 구체적으로 그려서 자신감을 가지자.
② 이미지 트레이닝은 릴랙스한 상태에서 하면 더욱 효과적. 29쪽과 31쪽의 산책이나
　호흡법 등, 릴랙세이션을 실천하며 트레이닝을 해 보자.

이 결정이 옳을지 망설이게 된다

11

불안 케어

지금 여러분은 결단에 쫓기는 중요한 시기로 많은 고민을 하고 있을 거예요. 고민한다는 것은 자신의 미래를 확실하게 생각하고 있다는 것입니다.

여러 사람에게 상담을 해 보거나 의견을 묻는 것은 무언가를 선택하기에 앞서 매우 중요한 것이지요. 단, 누구의 이야기도 정답은 아닙니다. 사람들의 다양한 생각을 듣고 난 후에 자신의 마음을 정리해서 결단을 내리도록 합시다. 여러분의 인생을 걸어가는 것은 다른 누구도 아닌 바로 여러분 자신이니까요.

누군가가 정해 준 길이 아니라 자신의 길을 스스로 걸어가려고 하는 것은 앞으로 여러분의 인생에서 굉장히 중요한 의미를 가질 것입니다.

'지금'에 의식을 집중시켜 보자

과거나 미래가 아니라 '지금'에 의식을 집중시킴으로써 머릿속의 생각을 정리할 수 있고 새로운 아이디어를 만들어 낼 수 있습니다.

스트레스 코핑

산책

❶ 오롯이 자신의 페이스로 걷습니다.

❷ 걸을 때 발바닥의 감각과 보이는 자연의 풍경, 귓가에 들리는 소리, 호흡 등을 느껴지는 대로 받아들입니다.

❸ 자신이 느끼는 대로 그저 계속 걷습니다. 걷는 동안 조금씩 생각이 정리되어 갑니다.

POINT
① 느끼는 대로 의식을 집중시켜서 산책하자.
② 차분하게 자기 자신을 바라보자.

주위의 시선이
신경 쓰인다

사람들이 항상 쳐다보는 듯한 느낌이 드는 여러분은 언제나 불안한 하루를 보내고 있을 거예요.

어쩌면 시선뿐만 아니라 노려보는 것처럼 느끼거나, 누군가 그냥 웃을 뿐인데도 비웃음당하는 것처럼 느낄 때가 있을지도 모릅니다.

그런 여러분은 지금 주위에 대해 굉장히 과민하게 받아들이는 상태입니다. 시선뿐만 아니라 소리에도 과민하게 반응할 때가 있을지도 몰라요.

과민하다는 것은 몸도 마음도 전투 모드가 된 상태이므로 우선은 릴랙스하는 것이 중요합니다.

사람은 모두 자기 자신만으로도 벅차

여러분은 주위 사람 모두의 행동을 전부 체크할 수 있나요? 사실 사람들은 그렇게 주변 사람의 말과 행동을 세세하게 보지 않습니다. 모두 자기 자신만으로도 벅차서 자신이 생각하는 것보다 다른 사람의 일에 신경 쓰지 않는 것이지요.

스트레스 코핑

이미지 호흡법

릴랙세이션의 기본인 호흡법에 머릿속에서 떠올린 이미지를 조합하여 더욱 높은 효과를 기대할 수 있습니다.

❶ 코로 숨을 들이마시고

❷ 입으로 천천히 내뱉습니다. 마음이 편안해지는 장면을 떠올리면서 천천히 호흡을 반복합니다.

❸ 이 호흡법을 반복하여 릴랙스했다면, 자연스럽게 머릿속에 마음이 편안해지는 풍경이나 장면 등의 이미지가 떠오릅니다. 아무것도 떠오르지 않는 사람은 그대로도 괜찮습니다.

POINT
① 장소를 이동하여 마음이 편한 환경에 있기
② 이미지 + 호흡을 소중히 하기

누가 내 험담을 하는 것은 아닌지 신경 쓰인다

언제나 '주위 사람들이 자신의 험담을 하는 건 아닌가' 하고 불안한 생활을 하는 여러분은 분명 마음이 편할 때가 없을 거예요.

만약 정말로 험담을 하는 것이라면 그것은 괴롭힘에 해당합니다. 그때는 신뢰할 수 있는 가까운 어른에게 상담합시다.

만약 상관없는 이야기인데도 '험담을 하는 건 아니겠지……'라는 불안한 마음이 든다면 그것은 '사고의 버릇'이 생긴 것일 수도 있습니다.

그럴 때는 자신을 객관적으로 바라봄으로써 일상 생활을 편안하게 할 수 있습니다.

어른에게 상담해 보자

주위에서 험담하는 듯한 기분이 든다면 신뢰할 수 있는 어른에게 상담해 봅시다. 여러분을 도와줄 수 있는 어른은 반드시 있을 거예요. 상담하면 마음이 가벼워질 수 있습니다. 괴롭힘이 사실인지 사실이 아닌지, 어떻게 대처하면 좋을지, 상담하면서 해결해 갈 필요가 있습니다.

스트레스 코핑 일기를 써서 객관적으로 생각하기

객관적으로 생각하는 요령은 '사실인지 아닌지', '일시적인지, 계속되는 것인지', '좋게 해결할 생각인지 아닌지' 생각하는 것입니다.

○월 ○일 (○)

오늘은 지민이와 놀러 갈

예정이었는데, 갑자기 못 간다는

연락을 받았다.

날 싫어하는 걸까…….

자신의 마음을 말로 바꿔 보면……

실망이야, 슬퍼.

객관적으로 보면……

기대했던 것만큼 실망이 컸던 것 같아.
지민이는 갑자기 약속을 취소하는 일은
거의 없으니까, 무슨 일이 생겼을지도 몰라.
한번 잘 이야기해 보자.

POINT
① 우선은 신뢰할 수 있는 어른에게 상담해 보자.
② 일기를 써서 객관적으로 생각해 보자.

너무 불안해서 견딜 수 없다

지금 여러분은 항상 불안한 마음이 따라다녀 안정된 생활을 할 수 없는 상태입니다. 어쩌면 불안을 느끼기 쉬운 성격일 수도 있고, 불안 요소가 한 가지가 아닌 경우일지도 모릅니다. 불안한 상태가 일시적인 것이 아니라 장기적으로 지속되면, 몸의 자율 신경이 흐트러져 건강을 해칠 수 있습니다. 몸의 컨디션이 나쁠 때는 93쪽의 점진성 이완법도 시험해 보세요.

여러분 안에 있는 성격이나 불안의 원인은 오랜 시간에 걸쳐 만들어진 것이므로 바꾸는 데 시간이 걸립니다. 몸을 편안하게 하면 마음을 정돈할 수 있고 불안한 마음도 누그러질 거예요.

몸을 릴랙스시키자

불안할 때, '진정하자, 진정하자'라고 머릿속으로 되뇌어도 좀처럼 진정되지 않지요. 그럴 때 몸을 릴랙스하면 자연스럽게 마음도 느긋해지고 편안해집니다. 릴랙세이션의 기본인 '호흡법'으로 다양한 스트레스에 대응할 수 있습니다.

 스트레스 코핑

10초 호흡법

호흡법은 숨을 들이마셨을 때 배가 부풀어 오르고, 내뱉을 때 배가 꺼지는 복식 호흡으로 진행합니다. 코로 숨을 들이마시고 입으로 천천히 멀리, 가늘고 길게 내뱉습니다.

❶ 자세를 바르게 하고 앉는다(의자 등받이에 가볍게 등을 기대고, 발은 힘을 빼고 자연스럽게 바닥에 둔다. 양손은 무릎에 올리고 고개는 가볍게 숙인다).

❷ 조용히 눈을 감는다.

❸ 숨을 전부 내뱉는다.

❹ 속으로 1·2·3 숫자를 세며 코로 숨을 들이마시고

❺ 4에서 멈추고

❻ 5·6·7·8·9·10을 세고 입으로 천천히 숨을 내뱉는다. 이 과정을 반복한다(내뱉을 때 불안과 고민이 함께 빠져나간다는 이미지를 떠올린다).

POINT

① 천천히 내쉬는 호흡에 의식을 집중시키자.

② 숨을 내뱉을 때 불안과 초조가 몸에서 빠져나가는 것을 상상해 보자.

학교에 가기 싫다

학교에 가고 싶지 않은 마음은 대다수 누구나 한 번쯤 경험한 적이 있을 거예요.

막상 가면 괜찮지만 가기까지가 너무 힘든 사람, 매일 가기 싫은 마음을 안고 어떻게든 가는 사람, 그리고 학교에 갈 수 없게 된 사람……. 한 명 한 명 모두 다른 다양한 고민을 안고 있을 거예요.

학교에서는 많은 것을 배울 수 있지만, 꼭 '학교'가 전부인 것은 아닙니다. 학교에 가지 않았어도 사회에서 활약하는 어른은 많이 있습니다.

잠깐 멈춰 서서, 지금은 우선 조금이라도 '안심'을 늘려 봅시다.

여러분이 좋아하는 것이나 물건은 무엇인가요?

좋아하는 것이 있다는 것은 굉장히 중요합니다. 게임이나 반려동물 등, 아무리 작은 것이라도 상관없습니다. 흥미가 있는 것, 마음이 편안해지는 것이 있다는 것을 뿌듯하게 생각해 보세요. 그것들은 지금 여러분을 지탱하는 중요한 것입니다.

안심 찾기

자신이 안심할 수 있는 장소를 찾아봅시다.
● 집 안에서는 어디? 집 이외에도 있을까?

> 집 안 : ....
>
> ....
>
> 집 이외 : ....
>
> ....

● 가 보고 싶은 장소가 있나요?

>

만약 집 이외에 안심되거나 즐거운 장소, 가 보고 싶은 장소가 있다면 꼭 찾아가 봅시다. 학교에 못 가더라도, 집 안에 있는 것보다 분명 여러분답게 있을 수 있을 거예요.

POINT
① 학교가 세상의 전부는 아니야.
② 내 마음이 편안해지는 장소나 물건을 찾아보자.

나는 한심한 인간이다

지금 여러분은 괴로운 상황을 필사적으로 스스로 받아들이려 노력하다가 마음의 에너지가 소진되고 만 상태입니다. 그럴 때는 자신의 못난 부분에만 눈길이 가고 말지요.

실제로 여러분은 그렇게 못난 인간일까요? 전부 완벽하지 않으면 안 되는 걸까요?

좋은 점이 없는 사람은 단 한 사람도 없습니다.

여러분은 여러분밖에 가지지 못한 멋진 부분을 반드시 갖고 있습니다.

여러분이 여러분답게 지내기 위해서 자신의 좋은 점에 눈을 돌려 봅시다.

여러분의 좋은 점은?

아주 작은 것이라도 괜찮아요. 3가지를 들어 보세요.

1 ....

2 ....

3 ....

스트레스
코핑

리프레이밍

리프레이밍이란 사물을 보는 각도를 바꾸는 방법입니다.

① 컵에 주스가 이제 반밖에 안 남았어.

② 컵에 주스가 아직 반이나 남았네.

같은 상황에서도 받아들이는 방법이 두 가지 있습니다. 여러분은 어느 쪽인가요?

여러분이 생각하는 못난 부분은 정말로 나쁘다고 단정 지을 수 없습니다. 예를 들면, '나는 신경질적이고 겁쟁이니까 안 돼'라고 생각하는 사람은 '무슨 일이든 신중하게 생각하는 사려 깊은 사람'이라고 할 수 있습니다. 여러분이 생각하는 못난 부분도 다른 각도에서 바라봅시다.

POINT
① 자신의 좋은 점에 눈을 돌리자.
② 나쁜 점을 리프레이밍하여 다른 각도로 바라보자.

슬프다

지금 여러분의 마음은 슬픈 기분으로 가득 차 있습니다.

소중한 것을 잃지는 않았나요? 가족처럼 아끼던 반려동물이 무지개다리를 건너지는 않았나요? 때로는 이렇다 할 원인은 알 수 없지만, 슬픔에 사로잡힐 때도 있습니다.

말로 할 수 없는 슬픔이 덮쳤을 때는 누군가 옆에 있는 것이 중요합니다. '옆에 있어 줘'라고 말하지 않아도 괜찮습니다. 여러분의 마음 신호를 받아들여 주는 사람과 함께 시간을 보내 보세요. 곁에 있는 것만으로 따뜻한 기분이 생겨날 거예요.

그리고 말하고 싶어졌다면 무리하지 말고 솔직하게 털어놓아 보세요. 분명 마음이 편안해질 거예요. 여러분은 아무것도 잃지 않았어요.

함께 있고 싶은 사람은?

조금이라도 함께 있으면 좋겠다는
사람 세 명을 떠올려 보세요.

1 ....

2 ....

3 ....

스트레스
코핑

페어 릴랙세이션

두 사람이 함께하는 릴랙세이션 기법입니다.

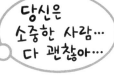

❶ 안심할 수 있는 사람의 곁에 살짝 앉아 보세요. 무리하게 이야기하지 않아도 됩니다.

❷ 어깨에 살짝 손을 얹어 달라고 해 보세요. 손의 온기를 느껴 보아요.

❸ 긍정적인 메시지를 마음속으로 받아 보세요.

자신이 호의를 지닌 사람의 곁에 있는 것만으로도 매우 안도감을 얻을 수 있습니다. 어깨에 손을 올리면 좀 더 마음이 편안해집니다. '나는 혼자가 아니야', '조금 더 힘내 보자'라는 마음이 자연스럽게 솟아납니다.

POINT
① 안심할 수 있는 사람과 함께 지내자.
② 누군가 어깨에 손을 올려 주면 마음이 차분해지고 긍정적으로 바뀔 수 있다.

날 알아주는 사람이 아무도 없다

여러분은 상당한 노력파일 거예요. 학교에서는 친구들과 사이좋게 지내고 싶고, 공부도 동아리 활동도 잘하고 싶어서 열심히 노력하죠. 집에서는 부모님의 기대에 부응하기 위해 부단히 애를 씁니다.

하지만 그 노력을 다른 사람에게 보여 주고 싶지 않은 마음이 있을지도 몰라요. 그런데도 아무도 자신의 노력을 인정해 주지 않는 것 같아 '제대로 인정받고 싶어'라는 마음이 가득 차서 흘러넘치려는 것처럼 된 모양이에요.

이럴 때는 타인의 평가를 신경 쓰지 말고 우선은 '자신'을 바라봅시다. 자기 자신이 최고의 이해자(내 편)가 되면 되는 것입니다.

여러분은 어떤 사람?

사람은 정말 사소한 일로도 낙담하거나 상처받습니다. 그리고 나 같은 건 쓸모 없다거나 아무도 알아주지 않는다고 고민하지요. 이건 타인의 평가에 기대어 살기 때문일지도 모릅니다. 여러분은 유일무이한 존재입니다. 우선은 자신을 잘 아는 것이 중요합니다. 그러면 다소의 평가나 사건으로는 좌우되지 않는 자기상(自己像)이 만들어질 것입니다.

좋아하는 것 찾기

여러분이 좋아하는 것은 무엇인가요? 자신의 지금을 바라보며 '좋아하는 것'과 '하고 싶은 것'을 노트나 메모지에 적어 봅시다.

예를 들어 좋아하는 음식을 적어 보세요. 점점 즐거워질 거예요. 좋아하는 동물, 좋아하는 노래, 좋아하는 연예인……. 구체적인 것부터 시작하여 '좋아하는 시간', '좋아하는 말', '하고 싶은 것'을 써 내려갈 때쯤에는 '나'라는 자신의 모습이 서서히 보이기 시작할 거예요.

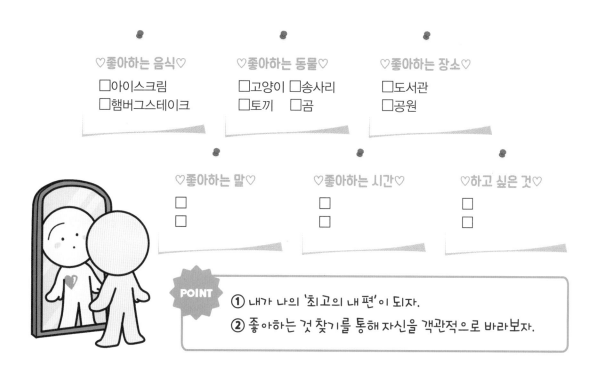

♡좋아하는 음식♡
- ☐ 아이스크림
- ☐ 햄버그스테이크

♡좋아하는 동물♡
- ☐ 고양이 ☐ 송사리
- ☐ 토끼 ☐ 곰

♡좋아하는 장소♡
- ☐ 도서관
- ☐ 공원

♡좋아하는 말♡
- ☐
- ☐

♡좋아하는 시간♡
- ☐
- ☐

♡하고 싶은 것♡
- ☐
- ☐

POINT
① 내가 나의 '최고의 내 편'이 되자.
② 좋아하는 것 찾기를 통해 자신을 객관적으로 바라보자.

19

슬픔 케어

아무도 믿을 수 없다

신뢰했던 친구에게 배신당했나요? 부모님이 무심코 한 말 한마디에 상처받았나요? 여러분의 마음은 외로움과 함께 분노로 가득 차 있을 거예요. 누구에게도 상담하지 못하고 외로움과 분노를 끌어안은 채 있으면 여러분의 마음만 괴로울 뿐입니다. 이대로라면 점점 주위 사람들과 잘 지내지 못하게 되고 말 거예요.

우선 심호흡으로 심신을 가다듬읍시다. 그리고 '마음의 청소'를 시작해 보세요. 내뱉는 숨과 함께 분노와 외로움이 몸 밖으로 빠져나가는 이미지를 그려 보세요. 가슴이 조금 시원해지면 신뢰할 수 있는 사람과 여러분을 도와줄 사람을 마음속에 떠올려 보세요.

이미지 호흡법 II

31쪽에서 소개한 '이미지 호흡법'의 응용입니다. 이미지를 떠올리며 복식 호흡을 합니다.

❶ 몸속에 있는 싫은 것(슬픔·불안·분노 등)을 전부 몸 밖으로 내보낸다는 이미지로 입에서 숨을 내뱉습니다.

❷ 코로 숨을 들이마실 때는 신선한 공기가 몸에 들어와, 몸 구석구석까지 신선한 산소가 고루 퍼진다는 이미지를 그려 봅니다.

❸ 3분 동안 계속하면 마음이 차분해집니다.

생물학적으로 말하면, 복식 호흡을 하면 혈류가 좋아져 자율 신경의 밸런스가 잡히게 됩니다. 또한, 뇌 내 물질인 세로토닌이 분비되면서 마음의 안정을 얻을 수 있습니다.

이미지를 그리면서 호흡하면 효과가 뛰어나며 신기하게도 기운이 납니다.

기운이 생기면 살짝 용기를 내어 상담해 보세요. 누군가 여러분의 마음을 들어 줄 거예요.

POINT
① 이미지 호흡법으로 마음의 청소를 하자.
② 조금 기운이 난다면 상담해 보자.

외톨이인 것 같다

외톨이는 정말로 쓸쓸하죠. 누가 뭐라고 한 것도 아닌데 왠지 혼자가 된 것 같은 느낌이 들었을 때, 혹은 확실하게 집단 속에서 고립된 상태에 놓여버렸을 때······. 이러한 감정은 외로움과 불안이 섞인, 마음이 매우 공허한 상태입니다.

사람은 집단에 속해 있기에 고독을 느낍니다. 또한, 혼자가 되고 싶지 않다는 마음은 누구나 강하게 가지고 있고 그 때문에 외로움이 깊어지고 마는 것이지요.

그럴 때는 '함께 있으면 마음이 편안할 것 같은 사람'을 찾아봅시다. 평소에 잘 알고 지낸 친구나 가족이 아니어도 괜찮아요. 지금은 외톨이라고 느끼지만, 앞으로 어떤 사람과 만나게 될지는 아무도 예상할 수 없답니다.

마음이 편안할 것 같은 사람을 찾자

함께 있으면 마음이 편안할 것 같은 사람을 세 명 들어 보자.

【예】

1 동아리 친구

2 학원 선생님

3 가족

1 ....

2 ....

3 ....

스트레스
코핑

어깨 올리기

곁에 있으면 마음이 편해지는 사람에게 조금이라도 자신의 마음을 전할 수 있도록, 마음의 긴장을 풀어 봅시다. 거울을 보고 양어깨를 쑤욱 위로 올려 보세요. 위로 잘 안 올라갈 때는 스트레스가 쌓였을 때예요. 어깨를 풀고 마음의 긴장을 완화해 봅시다.

❶ 숨을 들이마시며 양어깨를 귀에 붙이는 것처럼 위로 올립니다. 팔의 힘은 빼세요.

❷ 그 상태로 10을 셉니다. 너무 길게 느껴진다면 5까지만 세도 괜찮아요.

❸ 후우 하고 숨을 내뱉으면서 단숨에 힘을 빼고 어깨를 투욱 떨어뜨립니다.

참고: 『스트레스 날리기』 (루덴스미디어) 발췌

POINT

① 곁에 있으면 마음이 편안할 것 같은 사람을 찾자.

② 어깨 올리기로 마음의 긴장을 풀어 보자.

어디에도 내가 있을 곳이 없다

'어디에도 내가 있을 곳이 없다'고 느끼는 여러분은 굉장히 주위에 마음을 쓰는 사람입니다. 언제나 주위 사람 일을 자신보다 우선으로 생각해서, 그 사람이나 그룹의 분위기에 맞추기 위해 애쓰고 있지는 않나요?

너무 남의 기분을 우선시해서 무리가 쌓여 있는지도, 긴장과 불안으로 마음이 너무 지쳤는지도 모릅니다.

이럴 때는 마음이 아니라 몸을 움직여 봅시다. 마음과 몸은 이어져 있어요. 몸의 긴장이 풀리면 마음의 긴장도 풀립니다.

안심할 수 있는 장소에서 시작해 보자

여러분에게 안심할 수 있는 장소가 있나요? 여러분의 방인가요? 아니면 서점인가요? 도서관? 양호실? 있을 곳이 없다고 느껴진다면 안심할 수 있는 장소에서 힘을 모아 봅시다.

 스트레스 코핑

이미지 호흡법 II 긍정적 메시지 버전

45쪽에서 소개한 '이미지 호흡법 II'의 플러스 버전입니다.

❶ 몸속에 있는 나쁜 것(외로움·불안·분노) 등을 전부 몸 밖으로 내보낸다는 이미지를 떠올리며 입으로 숨을 내뱉습니다.

❷ 코로 숨을 들이마실 때는 신선한 공기가 몸에 들어와서 몸 구석구석까지 신선한 산소가 퍼진다는 이미지를 그려 봅니다.

❸ 3분 동안 계속하면 마음이 차분해집니다.

❹ 내뱉는 숨과 함께 불안을 내뱉은 후, 이번엔 '괜찮아, 어떻게든 될 거야'라는 긍정적인 메시지를 마음속으로 자신에게 보내 보세요. 이것만으로도 조금은 용기가 솟아납니다.

 POINT
① 마음의 긴장과 불안을 덜기 위해서 몸을 풀자.
② 자신에게 긍정적인 메시지를 보내자.

22

분노 케어

항상 조바심이 난다

언제나 주위 일을 염려하는 여러분은 다른 사람보다도 많은 것들이 보이기 때문에 여러 일에 신경을 쓰게 되고, '어떻게든 해야 해……'라고 생각하고 맙니다.

그런 여러분을 초조하게 하는 것의 정체는 과연 무엇일까요……?

사람은 불안이나 괴로움, 슬픔과 고통 등 부정적인 감정을 쌓아 둘 수 있는 그릇을 가지고 있습니다.

이러한 감정이 그릇에서 흘러넘치면서 조바심을 불러일으킵니다.

그리고 그 부정적인 감정이 조바심으로 바뀌는 결정적인 수는 '이렇게 될 거야'라는 기대, 혹은 '이래야만 해'라는 자신의 가치관이 전면에 드러날 때입니다.

조바심의 세 가지 타입에 대해 알아보자

자신의 조바심에 대해 써 보세요.

그 조바심은 어떤 타입에 해당하나요?

자신의 가치관에 맞추기 위해 초조한 마음이 멈추지 않는다.

'뭐 괜찮겠지'라고 허용할 수 있는 부분을 찾아낸다.

다른 관점으로 생각하거나 받아들이는 방법을 바꿀 수 있다.

자신만의 '이래야만 해', '이럴 거야'에 사로잡히면 조바심이 멈추지 않게 됩니다. 포용력을 조금 더 넓혀 봅시다.

스트레스 코핑

조바심의 점수화

가장 강한 조바심을 10점이라고 했을 때, 여러분의 조바심은 몇 점에 해당할까요? 자신의 조바심을 점수화하여 객관적으로 생각해 봅시다.

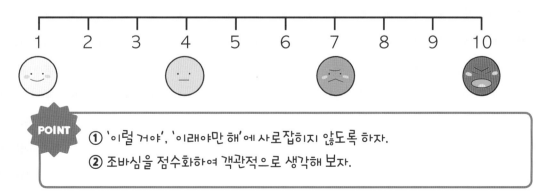

POINT
① '이럴 거야', '이래야만 해'에 사로잡히지 않도록 하자.
② 조바심을 점수화하여 객관적으로 생각해 보자.

그날의 '분노'를 잊을 수 없다

이렇게까지 화가 진정이 되지 않았다면, 여러분은 정말로 괴로웠을 거예요. 그 일이 조금이라도 다시 떠오를 때마다 화가 치밀어 오르거나 밤에 잠들지 못했던 경험이 있지는 않나요?

하지만 지나가 버린 일에 너무 신경 쓰다가, 지금 여러분의 마음속이 부정적인 감정에 지배당해 버리게 된다면 여러분은 더욱더 괴로워질 거예요.

지금도 잊을 수 없는 사건에 대한 여러분의 분노를 한번 분석해 봅시다. 애초에 여러분은 어떤 것에 화를 느끼고 있나요? 커다랗게 부풀어 올라 해결되지 않는 분노를 시간이 지난 지금 다시 바라보고 정리해 봅시다.

분노를 분석해 보자

잊을 수 없는 '분노'를 기록함으로써 마음의 정리를 해 봅시다.

분노를 기록하는 것을 '앵거 로그'라고 합니다. 자신이 왜 화가 났었는지, 어떻게 하길 바랐는지, 어떻게 하면 좋았을지를 되돌아봅니다.

앵거 로그

언제	
어디서	
무슨 일이 있었나?	
나는 어떻게 반응했나?	
어떻게 하길 바랐나?	

바꿀 수 없는 것과 바꿀 수 있는 것

자기 자신이 '바꿀 수 없는 것'과 '바꿀 수 있는 것'은 어떤 것인가요?

Ⓐ 상대의 사고법	Ⓑ 자신의 사고법
Ⓒ 미래	Ⓓ 과거

바꿀 수 있는 것은 Ⓑ '자신의 사고법'과 Ⓒ '미래'입니다. 그런데 여러분은 '바꿀 수 없는 것', '어떻게 할 수 없는 것'에 분노를 느끼지는 않나요?

스스로 바꿀 수 있는 것과 바꿀 수 없는 것을 판단하고, '자신에게는 바꿀 수 없는 것이 있다'고 받아들인다면 분노의 감정을 억누를 수 있게 됩니다.

① 왜 화를 느꼈는지 분석해 보자.
② 자신에게는 바꿀 수 없는 것이 있다는 것을 받아들이자.

나의 분노를 상대에게 터뜨리고 싶다

분노의 감정은 누구에게나 일어날 수 있고, 그 분노를 터뜨리고 싶은 기분도 이해가
갑니다.

하지만 분노를 상대에게 터뜨리는 것만으로는 아무것도 해결할 수 없습니다. 또한,
분노를 터뜨림으로써 상대와의 관계나 주위 상황이 악화될 수도 있겠지요.

그렇다는 건, 분명 여러분도 잘 알고 있을 거예요.

그래도 분노가 해결되지 않을 때는 사람에게 풀지 말고 우선은 그 분노를 종이에 써
봅시다.

글로 적으면서 자신 안에 있는 분노가 정리되고, 마음속을 객관적으로 바라볼 수 있
게 될 거예요.

종이에 써서 분노를 마주해 보기

① 분노를 느낀 일에 대해 써 보자

구체적으로 무엇에 분노를 느꼈는지 써 봅시다.

② 상대에 대한 푸념을 써 보자

남에게 말할 수 없는 푸념과 폭언을 전부 토해 내며 자신이 생각하고 있는 것 전부를 적어 봅시다. 그렇게 하면 조금 마음이 진정되지 않나요?

③ 왜 그런 기분이 들었는지 써 보자

자신이 분노를 쉽게 느끼는 상황이 어떤 때인지 보입니다.

④ 어떻게 하는 게 좋았을지 생각이 난다면 써 보자

③까지 해 보고 냉정을 되찾았다면 생각해 봅시다. 그렇지 않다면 하룻밤 자고 일어나서 생각해 보세요.

POINT

① 실컷 푸념해 보자.

② 어떻게 하는 게 좋았을지는 화가 가라앉고 나서 생각하자.

소리 지르고 말았다

또 폭발해 버렸어.

뭐라고 생각할까?

말이 너무 심했는지도 몰라.

그치만 용서할 수 없었어……

여러분은 책임감이 강하고 열정적이라, 도저히 용서할 수 없는 일이나 참을 수 없는 일을 맞닥뜨리게 되어 소리를 지르고 말았을 거예요. 하지만 분노를 폭발시키고 난 뒤 조금 냉정해지면 후회에 휩싸이게 될 때도 있어요.

분노를 감정에 맡기고 폭발시켜 버리면, 나중에 상대와의 관계를 회복하기 굉장히 힘들 수도 있습니다.

또한, 주위에서 여러분을 편견의 눈으로 바라보게 될 수도 있어요.

분노를 폭발시킨 탓에 자신이 짊어지게 될 위험을 회피하기 위해서라도, 크게 화가 났을 때의 대처 방법을 몸에 익히도록 합시다.

분노의 지속 시간은 6초밖에 되지 않아요

만일 강한 분노를 느꼈다면 우선은 그 자리에서 벗어납시다. 학교라면 복도로 나가거나 화
장실 칸 안으로 들어가고, 집이라면 자기 방으로 들어가는 등 일단 그 자리를 피하세요. 그
리고 6초간 카운트하면서 심호흡합시다. 분노의 지속 시간은 6초라고 합니다.

그리고 강한 분노의 감정이 나타날 때는 호흡이 빨라지거나 멈춰 있을 것입니다. 깊고 조용
한 호흡으로 분노를 컨트롤합시다.

6초 카운트 심호흡

6초 카운트로 심호흡을 해 봅시다.

싫은 감정은 내뱉고 신선한 공기가 몸속에 들어온다는 이미지를 떠올립니다.

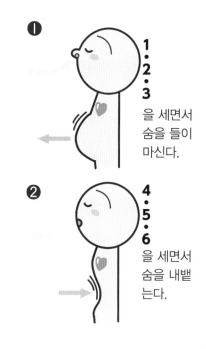

심 호 흡 의 비 법	깊게	깊게 호흡한다.
	길게	길게 호흡한다.
	가늘게	내뱉을 때는 숨을 가늘게 뱉는다.
	고르게	들이마시는 양과 내뱉는 양을 고르게(균등하게) 한다.
	침착하게	어깨 힘을 빼고 천천히 침착하게 호흡한다.
	가볍게	'후~' 등의 소리가 나지 않도록 가볍게 호흡한다.

❶ 1·2·3을 세면서 숨을 들이마신다.

❷ 4·5·6을 세면서 숨을 내뱉는다.

 POINT
① 우선은 그 자리에서 벗어나자.
② 6초 카운트를 하면서 심호흡하자.

화를 담아 두고 자책하고 만다

여러분은 상대의 입장과 기분을 소중히 생각하여, 여러분의 진짜 생각이나 마음을 밖으로 표현하지 않으려고 하는 매우 착한 사람이라고 생각해요.

하지만 자책해서는 안 됩니다.

여러분이 느끼는 초조함의 원인을 정리하여 상대에게 여러분의 생각을 전해 보는 건 어떨까요?

여러분이 초조함을 느낀다는 것은, 그 배경에 무언가 불안이나 걱정거리가 있는 것일지도 모릅니다.

양호한 인간관계를 만들기 위해서 자신의 생각을 적절한 방법으로 전달해 봅시다.

자기표현에는 세 가지 타입이 있습니다

 논 어서티브(Non-Assertive) …… 자신의 기분보다도 상대를 우선시하고, 하고 싶은 말을 참아 버리는 타입

 어그레시브(Aggressive) ………… 상대보다도 자신의 기분을 우선시하고, 자신의 의견을 밀어붙이는 타입

 어서티브(Assertive) ……………… 자신의 기분을 솔직하게 표현하고 상대의 의견도 소중히 하는 타입

스트레스 코핑

어서션(Assertion)

어서션은 하고 싶은 말을 삼키거나 상대를 책망하는 것이 아니라, 자신과 상대를 이해하고 존중한 후에 자신의 의견을 적절한 표현으로 전하는 커뮤니케이션 스킬 중 하나입니다.

자기표현의 세 가지 포인트

❶ 자신의 기분을 생각하기
나의 솔직한 기분은 어떤지를 확실하게 특정합니다.

❷ 상대의 기분과 입장을 생각하기
내 기분을 일방적으로 전하는 것이 아니라, 그 말을 들은 상대가 어떻게 느낄지 상상해 봅니다.

❸ 전할 말 생각하기
'나'를 주어로, 건설적이고 긍정적인 말을 사용해 보세요. '너'에서 '나'로 바꾸기만 해도 비판적인 발언으로 들리지 않게 됩니다.

【예】 × "넌 맨날 청소 시간에 튀고 제멋대로야."
　　　 ○ "나는 네가 청소를 해 주면 좋을 것 같아."

I・메시지

 POINT

① 자신의 기분과 마주하자.
② 주어를 "나는……."으로 시작하는 I(아이) 메시지로 전하자.

의욕이 없다

어떠한 원인으로 인해 기분이 가라앉으면, 항상 할 수 있던 것도 왠지 할 수 없게 됩니다.

그럴 때는 '의욕 스위치'를 눌러 봅시다. 여러분의 의욕 스위치는 무엇인가요? 평소의 자신을 되돌아보세요.

도저히 힘이 나지 않을 때는 "야아~!!"하고 크게 소리를 질러 봅시다. 동시에 양손을 크게 벌리면 더 효과적이에요. 이것은 '액티베이션'이라는 방법으로, 릴랙세이션과는 반대로 의욕을 끌어내는 효과가 있습니다.

몇 번 반복하다 보면 자기도 모르는 사이에 의욕 스위치가 켜져 있을 거예요.

여러분의 의욕 스위치는?

여러분은 평소에 언제 의욕이 솟아나나요?
자신만의 의욕 스위치를 찾아봅시다.

액티베이션(Activation)

스트레스 코핑

액티베이션이란 몸을 움직여 교감 신경을 높임으로써 의욕을 끌어내는 방법입니다. 자율 신경(12쪽)을 가다듬기 위해서는 교감 신경과 부교감 신경의 밸런스가 필요합니다. '의욕이 없는 상태'는 부교감 신경(진정시키는 역할)이 우위에 선 상태입니다.
큰 소리를 내거나 포즈를 만들어 몸을 움직이면 교감 신경(돋우는 역할)이 자극되어 의욕 스위치가 켜지기 쉬워집니다.
몸을 움직이는 것을 통해 마음이 움직이는 것입니다.

① 자신의 의욕 스위치를 찾아보자.
② "야아~!!"하고 의욕 스위치를 누르자.

열심히 하고 싶은데 아무것도 손에 잡히질 않는다

'열심히 하자!'라는 마음은 한가득한데 왠지 공부(과제)나 동아리 연습 등이 도통 손에 잡히지 않을 때가 있습니다. 지금은 어쩌면 마음과 몸의 밸런스가 잡히지 않은 상태일지도 모릅니다. 노력파인 여러분의 몸과 마음에 어느새 피로가 쌓인 것이지요. 머리로는 '해야 하는데'라고 생각해도 몸이 '쉬고 싶다'고 SOS를 보내는 상태입니다.

이럴 때는 마음껏 휴식을 취해 보세요. 아무것도 하지 않는 하루를 만들어 마음껏 릴랙스해 보는 건 어떨까요? 과제나 동아리 연습에서 잠시 떨어져 노력파인 자신을 가만히 돌봐 주세요. 그렇게 하면 자연스럽게 '다시 열심히 해 보자!'라는 마음이 생겨날 거예요.

'여유롭게 GO!'를 표어로!

'쉰다 = 게으르다'라고 생각하지는 않나요? 아무것도 손에 잡히지 않는 것은 너무 열심히 해서 마음속 긴장의 끈이 늘어나 버린 상태이기 때문입니다. 매일 열심히 노력하는 자신을 지금은 우선 돌봐 줍시다. 그리고 몸에서 보내는 SOS 신호에 응하여 '지금은 쉬어야 할 때'라고 받아들여 주세요.

표어는 '여유롭게 GO!'입니다. 심신이 지쳤다면 느긋하게 쉬며 긴장의 끈을 풀고, 기운이 생기면 다시 열심히 하면 됩니다.

회피

사람은 자신에게 곤란한 일이 나타났을 때 두 가지 방법 중 하나를 선택합니다. 그것은 '접근'과 '회피'입니다. 접근이란 그 문제에 직접 작용하여 극복하려고 하는 것입니다. 회피는 바로 그 문제에서 일시적으로 멀어지는 것입니다. 하지만 이것은 결코 나쁜 것이 아니에요. 회피 후 몸과 마음에 여유가 생기면 다시 집중하면 되는 것입니다. 이는 오래도록 노력하기 위해 매우 중요한 코핑입니다.

POINT

① '여유롭게 GO!'로 느긋하게 가자.
② 일시적인 회피로 릴랙스하자.

29

집중력 케어

해야 할 게 너무 많아서
다 못 할 것 같다

여러분의 마음은 초조함으로 가득 차 있습니다. 해야 할 것이 눈앞에 산더미처럼 쌓여 있는데 어디부터 손을 대야 할지 모르는 상태입니다.

그럴 때는 우선 심호흡! 천천히 호흡하면 몸도 마음도 차분해질 거예요.

그 후에는 '메모 대작전'을 해 보는 건 어떨까요?

해야 할 일을 메모지에 적어 봅시다. 다 적었으면 우선순위를 정해서 나란히 놔 보세요.

해야 할 것을 가시화(보이도록)하면 패닉 상태가 된 머릿속이 정리됩니다.

괜찮아요, 분명 다 잘 해낼 거예요.

우선은 천천히 심호흡하자

❶ 우선은 심호흡으로 마음을 진정시키세요.

❷ 몸을 가볍게 풀어 주면 코로 숨이 자연스럽게 들어옵니다.
신선한 공기가 가슴속으로 퍼지는 감각을 느껴 봅시다.

 ## 메모 대작전

머릿속에 뿔뿔이 흩어져 있는 '해야 할 일'을 하나하나 추려 내 나열하다 보면 전체상이 보입니다. 적는 행위로 사물을 정리하고 앞일을 예측함으로써 안심하고 다음으로 나아갈 수 있는 것입니다.

POINT
① 다 못 할 것 같을 때는 우선 심호흡을 하자.
② 메모를 사용해서 해야 할 일을 정리하자.

무기력해서 아무것도 하고 싶지 않다

무기력한 자신에 실망하지 마세요. 누구나 그런 상태에 빠질 때가 있습니다. 몸도 마음도 힘을 잃었을 때는 '지금은 쉬어야 할 때'라고 받아들입시다.

천천히 몸의 소리를 듣고, 졸리면 자고 먹고 싶은 것을 먹으며 스마트폰이나 활자, 영상에서 떨어져 쉬어 보세요.

조금 기운이 나면 몸을 움직여 봅시다.

요가에는 '조신, 조식, 조심'이라는 말이 있습니다. 조신(調身)이란 자세를 정돈하는 것, 조식(調息)은 호흡을 가다듬는 것. 이 두 가지를 정리하면 조심(調心), 마음의 정돈으로 이어진다는 것입니다.

이렇게 하다 보면 어느새 힘이 충전되어 있을 거예요.

몸의 메시지를 들어 보자

졸려. 배고파. 머리 아파.

조용한 곳에서 몸의 SOS를 들어 보세요.

어떤 것이 느껴지나요?

조신(調身, 자세 가다듬기)

❶ 의자 등받이에서 등을 떼고, 자신의 몸을 스스로 지탱하도록 합니다.

❷ 발은 어깨너비 정도로 벌리고 무릎은 직각으로 뻗습니다. 양팔은 아주 자연스럽게 아래로 늘어뜨려 주세요. 정수리에서 엉덩이까지 등에 하나의 축을 세워 봅시다.

❸ 그 축을 조금 앞으로 쓰러뜨리거나 뒤로 기울이면서 가장 편안한 곳에서 딱 하고 등줄기를 세워 보세요.

❹ 바닥에 앉아서 할 경우, 바르게 앉은 후 앞뒤로 움직이며 축을 정돈합니다. 자세가 곧 바르게 펴지면 어깨의 힘은 자연스럽게 빠집니다.

POINT

① 몸과 대화를 하자.

② 자세를 정돈하자.

31 머리가 잘 돌아가지 않아서 아무 생각도 안 난다

집중력 케어

자, 이제 열심히 해 보려고 했는데 왜인지 머리가 잘 안 돌아갈 때가 있습니다. 머리가 굳은 상태라 아무것도 떠오르지 않는 듯해요.

이런 상황은 생활의 리듬이 무너졌을 때 자주 일어납니다. 아침 일찍 일어나서 아침 식사를 하고 밤에는 빨리 잠자리에 드는 등, 자연스러운 생활 리듬으로 되돌리는 것이 중요합니다.

태양 빛을 쐬면 분비되는 신경 전달 물질인 세로토닌이 부족하면 충분히 잠을 자도 몸의 피로가 풀리지 않고, 아침에 일어나도 멍하니 머리가 돌아가지 않는 등 컨디션이 좋지 않다는 걸 느낄 수 있습니다.

아침 햇살을 받으며 잠깐 걸어 보세요. 뇌가 활성화하여 계속해서 아이디어가 떠오를 거예요.

세로토닌을 내 편으로 만들자

뇌 내 물질인 세로토닌은 행복 호르몬
이라고도 불립니다. 이 물질이 늘어나
면 마음이 안정되고 긍정적으로 변할
수 있습니다.

스트레스
코핑

아침 햇살 + 유산소 운동

뇌 내 물질인 세로토닌을 늘리는 방법은 '아침 햇볕 쬐기' + '산책 등의 유산소 운동을 하는
것'입니다. 당장에라도 바로 시작할 수 있으므로 세로토닌을 내 편으로 만들어, 상쾌하고 좋
은 하루를 시작해 보세요.

 ① 아침 햇살을 받으며 세로토닌을 늘리자.
② 생활 리듬을 조절하자.

32 금방 포기하고 만다

자기 부정 케어

'포기하다'라는 말의 울림은 굉장히 부정적인 인상을 줍니다. 하지만 포기하는 것이 모든 일의 끝은 아니며, 때로는 긍정적으로 받아들일 수도 있습니다. 무언가를 포기하더라도 그저 단순히 단념하는 것에서 그치지 않으면 되는 것이지요.

우리는 무언가에 부딪혀 포기한 다음에 진실을 받아들이고, 힘을 쏟을 방향성을 가릴 수 있습니다. 여러분이 지금 무언가를 포기하려고 한다면, 그 방법이나 수단이 적절하지 않았다는 것이 명확해진 것일지도 모릅니다.

지금 다시 정말로 그 목적을 달성하고 싶은지, 그리고 지금의 방법이나 수단이 맞는지 다시 한번 생각해 보는 것은 어떨까요?

스트레스 코핑

자기 자신과의 대화

도저히 포기할 수 없는 것이 생겼다면 왜 그것을 달성하고 싶은지 그 이유를 '5W 1H'로 자기 자신에게 질문해 봅시다.

❶ What (무엇을)	무엇이 목표인가? 무엇을 주고 무엇을 얻을 것인가? 무엇을 할 수 있는가?
❷ Who (누가)	누구를 위해서 하고 누구에게 도움이 되는가? 누구에게 물어보면 조언을 얻을 수 있는가?
❸ Where (어디에서)	어디에 그것이 도움이 되는가? 어디에 가면 조언을 얻을 수 있는가?
❹ When (언제)	언제가 적절한가? 얼마나 시간이 필요한가? 시간은 한정되어 있는가?
❺ Why (왜)	왜 그것을 할 필요가 있는가? 왜 포기해 버렸는가?
❻ How (어떻게)	어떤 방법이 적절한가? 어떤 의식이 필요한가?

❶ What (무엇을)	
❷ Who (누가)	
❸ Where (어디에서)	
❹ When (언제)	
❺ Why (왜)	
❻ How (어떻게)	

POINT
① 포기하는 것은 나쁜 것이 아니다.
② 자기 자신과 대화하여 목적의식을 명확히 하자.

친구가 없다

지금 친구가 없다고 해서 낙담할 필요는 전혀 없습니다. 그리고 친구는 무리해서 만드는 것이 아니에요.

친구가 필요하다고 자신의 기분을 억눌러서까지 상대에게 맞추는 순간, 여러분 자신만 괴로워질 뿐입니다.

초조해하지 않아도 괜찮아요.

분명 여러분에게도 소중한 진짜 친구가 생길 테니까요.

그래도 만일 꼭 친구를 만들고 싶다면 무리하지 않는 선에서, 인사 후 말 한마디를 건네는 것을 목표로 도전해 보면 어떨까요?

호불호가 있는 건 당연해요

친구를 만들고 싶다는 초조함에 아무에게나 대화를 시도할 수도 있지만, 그럴 필요는 없습니다. 상대도 인간이니까 좋아하거나 싫어하는 마음이 있는 건 당연하고, 때로는 여러분을 싫어하는 사람이 있을지도 모릅니다.

나를 이해해 주는 사람이 있다는 것은 기쁜 일입니다. 그건 상대도 마찬가지예요. 그리고 마음이 맞을 것 같은 상대인지 판단하는 것도 중요합니다. 단, 여러분이 상대에게 호의를 갖고 있더라도, 상대가 여러분에게 호의를 품을지 아닐지는 또 다른 이야기이므로 너무 기대하지 않도록 합시다.

인사 후 말 한마디 건네기

스트레스 코핑

언제 어디서든 누군가를 만났을 때 사람들은 인사부터 하곤 합니다. "안녕.", "안녕하세요." 하고 말을 꺼내는 순간, 나의 마음을 열고 상대의 마음에 다가가게 되는 것이지요.

또한 인사를 하고 끝내는 것이 아니라, 그 다음에 말 한마디를 건네는 것만으로도 상대와의 거리는 확 가까워질 거예요. 날씨나 입은 옷, 어제 있었던 일 등 상대와 공유할 수 있는 한마디를 건넨다면 더욱 효과적입니다.

그 옷 예쁘다!

POINT ① 초조해하지 말고 마음이 맞을 것 같은 사람을 찾자.
② 인사 후 말 한마디를 건네 보자.

진짜 나 자신이란
뭔지 모르겠다

진짜 내가 누군지 모르겠다는 것은, 진짜 자신이란 무엇인지 의문을 가지고 자기 자신과 마주할 수 있는 상태라는 뜻입니다.

그렇다면 진짜 나는 무엇일까요? 누구나 일상생활 속에서 그 자리의 분위기에 따라 타인에게 맞추며, 자신의 생각과 다르더라도 그 자리에 어울리는 내가 되려고 합니다.

예를 들면, 가족 앞에서는 칠칠치 못한 내가 있고, 학교에서는 야무지고 친구들에게 의지가 되는 내가 있습니다. 어느 쪽이든 여러분이지만, 무리할 때도 있을 거예요.

그렇지만 진짜 나란 무엇인지 초조해하며 고민할 필요는 없습니다. 지금 틀림없이 여러분은 '진짜 나'를 한창 만들고 있는 중이니까요.

자신에 대해 부정적인 감정이 있지는 않나요?

진짜 내가 무엇인지 모르겠다고 느껴질 때, 자신에 대한 부정적인 감정을 지니고 있을 수도 있습니다.

부정적인 감정의 대표적인 패턴

자신이 싫다	너무 남에게 맞추거나 싫은 일을 거절하지 못할 때, 남과 비교하며 생각대로 되지 않는 자신이 지긋지긋하다.
자신의 감정을 숨긴다	나만 참으면 된다고 생각하여 자신의 감정을 억누르고 감정을 숨긴다.
자신을 받아들이지 않는다	자신에게 엄격하여 '해야만 해', '이래야 해' 같은 본인의 언동에 관한 판단 기준이 있다.

지금 여러분은 이런 사고 패턴을 하고 있지는 않나요?

스트레스 코핑

성취 일기

'하지 못한 것'에서 자신이 '해낸 것'으로 눈을 돌려 봅시다. 자신이 해낸 것을 매일 의식해 나가다 보면 꾸준히 열심히 노력하는 자신을 깨닫게 되고, 부정적인 감정이 옅어져 반대로 자신을 칭찬하고 싶어질 거예요.

심호흡을 해냈어

일기

POINT
① 초조해하지 말고 지금 할 수 있는 것을 생각하자.
② 잘 해낸 나에게도 눈을 돌리자.

35

자신을 바꾸고 싶다

'자신을 바꾸고 싶다'고 생각하는 여러분은 이미 자신을 바꾸기 위해 첫 번째 발걸음을 내디디고 있습니다. 나머지는 이상적인 자신의 모습을 향해 구체적인 행동으로 옮기기만 하면 된답니다.

그렇기는 하지만, 자신을 바꾸고자 '결심'만 하고 말 때가 자주 있지요. 그만큼 자신을 바꾼다는 것이 어려운 것일지도 모릅니다.

여러분이 '자신을 바꾸고 싶다'는 생각을 꾸준히 하면서, 이상적인 자신의 모습에 다가가기 위해서는 먼저 '지금의 나'에 대해 파악하고 조금씩이라도 스텝 업하기 위한 습관을 몸에 익히는 것이 중요합니다.

포인트는 습관화시키는 것

자신을 바꾸고 싶다는 결심만 하고 끝나지 않기 위해서는 한 달 동안 스텝 업을 위한 행동을 꾸준히 하며 습관화시켜야 합니다. 습관으로 만들기만 하면, 필요 이상으로 의욕을 내지 않고도 실천할 수 있습니다.

스트레스
코핑

이상적인 자신의 모습을 가시화하기

자신의 이상적인 모습에 다가가기 위해서는 지금의 자신에 대해 아는 것이 중요합니다. '언제까지', '어떻게 되고 싶은지'를 써 봅시다. 더 나아가 그렇게 되기 위해 '무엇을 해야 하는지'를 구체적으로 글로 적어 보세요.

① 지금은 어떤 나인가?

너무 깊게 생각하지 말고 생각이 나는 대로 써 봅시다.

② 언제까지, 어떻게 되고 싶은가?

수치적인 목표를 세우면 얼마나 가까워지는지 알기 쉬울 거예요.

③ 그렇게 되기 위해서 무엇을 하면 좋은가? 글로 적어 보세요.

구체적인 행동을 적어 봅시다. 가령 좌절하더라도 자신을 질책할 필요는 없습니다. 다시 결심이 서면 시작해 보세요.

POINT

① 이상적인 모습에 다가가는 행동을 습관화하자.
② 이상적인 자신의 모습을 가시화하자.

주위에 마음을 터놓지 못한다

여러분은 지금 마음의 문을 열고 싶군요. 마음의 문을 닫은 채 열기 싫다고 생각한 적도 있었을 거예요. 그렇지만 지금 마음을 열고 주위 사람과 관계를 만들려고 하는 여러분의 생각은 정말로 훌륭합니다.

사실, 마음의 문은 갑자기 열리지 않습니다. 무리하게 억지로 여는 것도 아니고요.

자신이 안심할 수 있고 마음이 편안해지면 자연스럽게 조금씩 열리는 것이므로 조급할 필요는 없습니다.

마음속에 중요한 것은 소중히 담아 두고, 언젠가 자신이 이야기하고 싶어졌을 때 하면 됩니다.

자기 개시란?

마음을 열고 친구와 즐거운 관계를 만들고 싶다는 생각은 누구나 가지고 있는 염원입니다. 자신이 좋아하는 것이나 주위에서 일어난 사건 등, 개인적인 정보를 상대에게 있는 그대로 전달하는 것을 '자기 개시'라고 합니다. 자기 개시를 함으로써 대화가 활기를 띠고, 상대와의 거리가 가까워져서 깊은 대화도 나눌 수 있게 됩니다.

자기 개시의 포인트는

❶ 자신에 대해 솔직하게 전한다 ➜ '이걸 말하면 이상하게 생각할까?', '날 싫어할까?'라고 과하게 걱정하지 맙시다.

❷ 상대의 이야기에 자신의 경험과 생각을 더해 전한다 ➜ 상대에게 공감하면서 "나는 이렇게 생각해.", "이런 일이 있었어."라고 말해 봅시다. 상대에게 너무 맞추지 않도록 합니다.

스트레스 코핑

자기 메모

다른 사람들이 알아줬으면 하는 것이나 이야기해 주고 싶은 사건을 메모해 둡시다. '이건 말해도 괜찮겠다'고 생각되는 것만 써도 좋습니다.
친구가 되고 싶은 사람과 대화할 때 '자기 메모'를 떠올려 자기 개시에 유용하게 써 보세요.

- 집에서 고양이를 기르고 있다. 이름은 멘탈.
- 코미디 프로그램을 좋아하고, 특히 '코미디빅리그'를 좋아한다.
- 공부는 잘 못하지만, 역사 만화에 빠져 있다.
- 방탄소년단 노래를 듣고 좋다고 생각했다.
- 치킨과 햄버그를 좋아하고 매일 먹고 싶다.
- 지금 해 보고 싶은 건 다이어트.
- 게임을 너무 많이 해서 엄청 혼났다.
- 초등학교 때 자전거에서 넘어져 생긴 흉터가 아직 남아 있다.

POINT
① 자신의 있는 그대로를 이야기해 보자.
② '자기 메모'를 써 보자.

37

자기 부정 케어

상담할 사람이 없다

상담할 상대가 없어 고민하는 여러분은 어떠한 곤란에 처해 있어 누군가 여러분의 이야기를 들어 주길 바라고 있군요. 그것은 앞으로 한 발 내딛으려고 하는 적극적인 마음으로, 아주 훌륭한 것입니다. 사람은 혼자서는 살아갈 수 없습니다. 곤란한 일에 처했을 때 상담하는 경험을 쌓는 것은 앞으로의 인생에 있어서 굉장히 중요한 마음의 안정으로 이어질 거예요.

상담이 어려운 사람은 상담할 상대를 찾지 못할 뿐만 아니라, 어떻게 상담하면 좋을지 몰라 고민하는 경우도 많이 있습니다.

곤란할 때, 괴로울 때, 여러분은 외톨이라고 느낄지도 모르지만, 사실 여러분을 도와주고 싶어 하는 사람도 있어요.

날 도와줄 것 같은 사람은 누구?

지금까지 상담한 적은 없지만, 자신의 이야기를
들어 줄 것 같은 사람을 떠올려 봅시다. 그건 꼭
친구가 아니어도 괜찮습니다.
여러분이 떠올린 사람은 여러분이 도움을 청할
때, 분명 도와줄 사람입니다.

다른 사람에게 이야기하기

누군가에게 이야기를 털어놓으면 놀랄 만큼 마음이 가벼워집니다. 여러분이 떠올린 사람에
게 눈 딱 감고 상담을 해 보세요.
"들어 줬으면 하는 게 있는데." 하고 말을 꺼내도 좋고, 잡담하다가 "실은……." 하고 이야기
를 시작해도 좋습니다. 직접 상담하는
데 거부감이 있을 때는 편지나 문자도
좋아요.
다른 사람에게 이야기하면서 자연스럽
게 머릿속이 정리되고 마음이 가벼워
질 거예요.

POINT

① 한번 상담을 해 보고 생각하던 것과 달라도 절대로 포기하지 말 것. 그 사람 말고도
여러분의 마음에 다가와 줄 사람은 있습니다.

② 상담 내용이 건강과 관련된 것이라면 용기를 내서 학교 상담사나 심료 내과 등
전문가에게 찾아가 보자.

내가 싫다

여러분이 자신을 싫어하는 건 자신의 안 좋은 점만 얽매여 바라보고 있다는 증거입니다. 그리고 지금은 자신의 싫은 점에만 눈이 가 버리는 상태이지요.

그런 여러분은 목표나 이상이 명확하여 '이래야만 해'라는 생각을 확고히 가지고 있을 거예요. 그렇게까지 해서 원하는 모습을 그려 내는 사람은 그다지 많지 않습니다. 굉장히 훌륭해요.

그렇지만 한편, 여러분은 이상과 현실의 차이를 느껴서 괴로운 것은 아닐까요?

갑자기 뭐든 완벽하게 할 수 있는 사람은 이 세상에 없습니다. 실패와 좌절을 반복하면서 목표로 하는 모습에 다가가려고 하는 것이 중요합니다.

비합리적 신념을 그만두자

집착적으로 '이래야만 해'라고 생각하는 사고법을 비합리적인 신념이라고 합니다.

여러분이 생각하는 '이래야만 해'는 정말로 그런 것인가요?

그렇지 않으면 정말로 안 되는 건가요?

완벽한 사람 같은 건 없습니다. 마찬가지로 반드시 그래야만 하는 일도 없습니다.

자신을 칭찬해 보기

아무리 작은 것이라도 상관없습니다. 자기 자신을 칭찬해 봅시다. 칭찬할 수 있는 점을 메모하고 방에 붙여 두는 것도 좋아요. '칭찬 일기'를 쓰는 것도 추천합니다.

POINT

① '이래야만 해'라는 집착을 줄이자.

② 작은 것이라도 자신을 칭찬해 주자.

아침에 몸이 움직이지 않는다

매일 아침 힘들 텐데, 여러분은 정말 잘하고 있는 거예요. 사춘기는 자율 신경이 흐트러지기 쉬워져서, 아침에 일어나기 힘든 증상이 있어도 이상하지 않으므로 안심해도 됩니다. 단, 아래 표에서 3가지 이상 해당한다면 '기립성 조절 장애'라는 사춘기 학생이 겪기 쉬운 자율 신경 실조증일 가능성이 있습니다. 그럴 경우, 한번 의료 기관에서 검사를 받아 보는 게 좋겠지요.

☐ 일어날 때 현기증이 난다
☐ 긴장할 때 복통이나 두통이 있다
☐ 기상 시 속이 좋지 않다 / 실신을 동반한다
☐ 활동 시(낮)에 권태감을 느낀다
☐ 기분이 좋지 않을 때 속이 안 좋다

☐ 멀미가 심하다
☐ 심장이 두근거리거나 숨이 찰 때가 있다
☐ 아침에 좀처럼 일어나지 못하고 오전 중에 컨디션이 나쁘다
☐ 안색이 창백하다

자율 신경을 조정한다

자율 신경이란 내장의 활동과 대사, 체온 등의 기능을 컨트롤하는 신경입니다(12쪽). 자율 신경은 낮이나 활동 중에 활발해지는 '교감 신경'과 밤이나 릴랙스할 때 활발해지는 '부교감 신경', 이 두 가지 신경의 밸런스가 중요합니다. 사춘기 시기에는 이 밸런스가 무너지는 때가 자주 있습니다. 자율 신경의 밸런스를 맞추기 위해서는 '자율 훈련법'이나 35쪽의 '10초 호흡법' 등이 효과적입니다.

자율 훈련법

이미지를 사용하여 몸과 마음을 릴랙스시키는 방법입니다. 조용하고 차분한 장소에서 의자에 앉거나 똑바로 누워, 마음속으로 ❶, ❷의 말을 여러 번 반복합니다. ❶에서는 몸의 무게에 의식을 집중시킵니다. ❷에서는 몸의 온기에 의식을 집중시킵니다.

❶ 오른팔이 무겁다 → 왼팔이 무겁다 → 양다리가 무겁다
❷ 오른손이 따뜻하다 → 왼손이 따뜻하다 → 양다리가 따뜻하다

손발이 무겁게 느껴지거나 따뜻하게 느껴진다면 잘하고 있다는 증거입니다. 아무것도 느껴지지 않아도 걱정하지 마세요. 매일 하다 보면 점점 잘하게 되고 자율 신경을 맞출 수 있게 됩니다.

POINT
① 자율 훈련법은 릴랙스할 수 있는 장소에서 하자.
② 몸의 무게와 온기에 의식을 집중해 보자.

자주 두통과 복통이 있다

감기에 걸린 것도 아닌데 자주 두통이나 복통 등 몸에 여러 증상이 나타나는 여러분은 스트레스가 쌓여 있거나 심신이 피곤한지도 모릅니다.

여러분이 게으른 것도, 꾀병인 것도 아닌데, 스스로는 어떻게 할 수 없는 고통을 주위 사람들이 이해해 주지 않아 괴로울 때도 있을 거예요.

몸과 마음은 깊이 연관되어 있습니다. 마음의 상태가 나빠서 몸 상태가 나빠질 때도 있고, 그 반대의 경우도 있습니다.

또한, 스트레스가 쌓였을 때 몸에 증상이 나타나기 쉬운 체질인 사람도 있습니다.

두통이나 복통이 일어날 때는 언제?

언제 두통이나 복통이 일어나나요? 자신의 통증을 한번 되돌아봅시다. '지금은 긴장해서 오는 두통인가?', '이 복통은 불안해서 생긴 건가?'라고 객관적으로 바라봄으로써 진정하게 될 수도 있습니다.

자주 있는 장면

시험이 다가온다	'잘 못 보면 어쩌지?'라는 불안 때문에 아프다
사람들 앞에서 발표하기	잘 해내야 한다는 생각에 긴장하여 아프다
불편한 사람을 만나야 할 때	'또 기분이 나빠지겠지?'라는 생각이 앞서 불안하여 아프다

고통이 시작되면 우선 45쪽의 '이미지 호흡법 Ⅱ'로 몸을 진정시킵시다.

스트레스 코핑

태핑(Tapping)

태핑이란 몸의 일부를 '톡톡' 손끝으로 가볍게 눌러 주는 릴랙세이션입니다. 이곳저곳을 눌러 보고 기분 좋은 포인트를 찾았다면, 손끝(1개에서 4개)으로 톡톡 하고 지그시 눌러 주세요. 조금씩 그 부위가 따뜻해지고 기분이 차분해질 거예요.

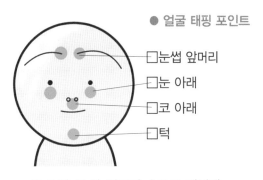

● 얼굴 태핑 포인트

☐ 눈썹 앞머리
☐ 눈 아래
☐ 코 아래
☐ 턱

10 초에 15 회 정도의 속도로 가볍게 눌러 줍니다.

POINT

① 가장 마음이 차분해지는 태핑 포인트를 찾자.
② 태핑을 하면서 자신의 상태가 좋아질 거라는 생각을 떠올리자.

목에 뭔가 걸린 듯한 느낌이 든다

목이 아픈 것도 아닌데 목 안쪽에 걸린 듯한 느낌이 드는 증상은 스트레스가 쌓였을 때 나타납니다. 병원에 가도 이상이 없다고 하거나, 주위 사람에게 이야기해도 그다지 이해해 주지 않아서 불안한 마음이 더욱 심해진 상태인 것은 아닐까요?

병원에서 검사해 보아도 원인을 알 수 없는 이러한 증상을 '인후두 이상감증(히스테리성 종류감)'이라고 합니다. 스트레스 발산이 어렵거나 참을성이 많은 사람이 걸리기 쉽다고 알려져 있습니다.

마음의 괴로움이 몸에도 나타날 만큼 많은 괴로움을 안고 있는 것이겠지요.

자신을 편하게 하는 방법을 늘리자

목이 막히거나 걸린 듯한 느낌이 들 때, 그것 외에도 몸에 다른 증상이 나타나지 않았나요? 여러분의 마음이나 몸을 편하게 하는 방법을 하나라도 많이 찾아봅시다. '10초 호흡법'(35쪽)이나 '태핑'(87쪽), '점진성 이완법'(93쪽) 등의 관리법을 추천합니다.

목구멍 요가

쇄골 아래 부근에 양손을 얹습니다. 손을 살짝 아래로 당기듯이 내리면서 천천히 위를 향해 목을 뻗고 20초 정도 심호흡합니다. 그대로 얼굴을 오른쪽 사선, 왼쪽 사선으로 돌리면서 목을 뻗어 줍니다.

천천히 위를 향하여
목을 뻗고 20초 동안
심호흡합니다.

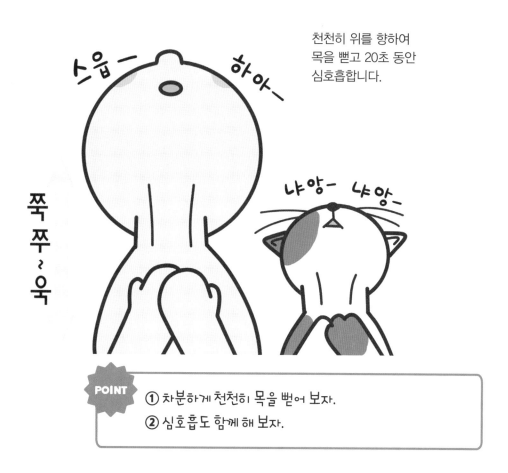

POINT
① 차분하게 천천히 목을 뻗어 보자.
② 심호흡도 함께 해 보자.

42

현기증, 어지러울 때가 있다

현기증이나 어지러움의 원인은 많이 있지만, 사춘기 학생이 겪는 현기증과 어지러움은 뇌빈혈일 경우가 많습니다. 아침에 일어나 갑자기 바로 일어섰을 때, 욕조에서 목욕 후 일어날 때, 장시간 서 있을 때 등에 나타납니다. 혈압 조절이 잘 이루어지지 않아 뇌에 산소가 통하지 않는 것이 원인으로, 갑자기 눈앞이 캄캄해지거나 머리가 핑 돌기도 합니다.

만일 장시간에 걸쳐 현기증이 나거나 이명이 들린다면 뇌빈혈이 아니므로 이비인후과에서 진찰을 받아 보세요. 그리고 쉽게 피로를 느끼거나 계단을 오르는 것만으로도 숨이 찰 때는 치료가 필요할 수도 있으므로 내과에서 몸에 이상이 없는지 확인해 보도록 해요.

머리가 핑 돈다면……

현기증이나 어지러움보다도 무서운 것은 그대로 쓰러져 머리를 어딘가에 부딪히는 것입니다. 만일 머리가 핑 돈다면 바로 그 자리에 주저앉도록 합시다. 혹은 서 있을 때 다리를 교차해서 서면 잘 쓰러지지 않습니다.

 스트레스 코핑

가벼운 운동하기

사춘기 학생의 현기증이나 어지러움의 원인은 뇌에 혈액이 잘 순환되지 않기 때문에 일어납니다. 스트레스 등의 심리 상태에 따라서도 증상이 악화될 수가 있습니다.
산책 등의 가벼운 운동을 매일 30분 정도 꾸준히 해 보세요. 특히 다리를 쓰는 운동이 좋습니다. 운동은 혈액을 순환하는 펌프의 역할을 하고 심신을 상쾌하게 만들어 스트레스를 완화하는 효과가 있습니다.

- 산책
- 자전거 타기
- 공으로 놀기 (리프팅 및 슛 연습, 캐치볼)
- 댄스
- 수영
- 가벼운 조깅
- 언덕 등 높은 곳에 올라가기
- 계단 오르기

POINT
① 가벼운 운동이어도 좋으니 반드시 매일 꾸준히 하자.
② 만약 스트레스를 느낀다면 다른 코핑도 함께 해 보자.

잠이 오지 않거나, 자도 잔 것 같지 않고 피로가 풀리지 않는다

수면은 몸과 마음의 건강에 중요한 역할을 담당하고 있습니다. 잠이 잘 오지 않는 상태는 몸을 활발하게 만드는 교감 신경이 예민해져서 몸을 릴랙스시키는 부교감 신경이 제 역할을 하지 못하는 상태입니다.

여러분은 평소에도 긴장을 잘 하거나 몸을 편안하게 하는 것이 어려울지도 모릅니다. 하지만 수면을 잘 취하지 못한다 해도 초조해할 필요는 없습니다. 조급하면 괜히 더 잠들지 못하게 되니까요.

눈을 감고 눕기만 해도 몸도 마음도 쉴 수 있습니다. 몸을 릴랙스시키면 자연스럽게 잠들 수 있을 거예요.

잠에 관련된 호르몬을 가다듬자

햇볕을 쬐면 세로토닌이라는 신경 전달 물질이 만들어집니다. 세로토닌은 마음의 안정에 깊이 연관되어 있는 데다 수면 호르몬인 멜라토닌을 생성하기 위한 재료가 되므로, 세로토닌이 부족하면 잠이 잘 오지 않거나 밤중에 잠이 깨는 등 좋은 수면을 취하기 어려워집니다. 자기 전에는 컴퓨터나 핸드폰의 사용은 피하고 방을 어둡게 하여 잠자리에 듭시다.

점진성 이완법

사람은 몸에 힘을 빼려고 해도 무의식적으로 힘이 들어가 버려서 좀처럼 힘을 뺄 수 없습니다. 그럴 때는 한번 힘을 주고 나서 빼면 놀랄 정도로 쉽게 힘을 뺄 수 있습니다.

❶ 똑바로 누워서 양 손목과 양 발목을 세웁니다.

❷ 어깨를 위로 올리고 등에 힘을 줍니다. 허리를 띄워서 엉덩이에 힘을 줍니다. 어금니를 악물고 얼굴에 힘을 줍니다.

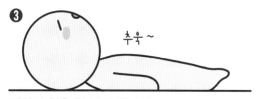

❸ 전신의 힘을 한 번에 뺍니다.

❹ 이것을 3회 반복하고 그대로 천천히 호흡을 반복하면서 잠이 듭니다.

POINT
① 잠이 들지 않아도 조급해하지 말자.
② 점진성 이완법으로 힘껏 힘을 주었다가 한 번에 힘을 빼 보자.
③ 마지막으로 천천히 호흡을 반복하자.

두근거림, 숨이 찰 때가 있다

별것 아닌 일에도 가슴이 두근거리거나 숨이 차고 호흡이 흐트러져 숨이 가빠질 때가 있습니다.

특히 불안이나 긴장, 공포 등으로 인해 호흡이 거칠어져 제대로 숨을 쉴 수 없는 상태를 과호흡(과환기 증후군)이라고 합니다.

이대로 죽는 건 아닐까 싶을 정도로 너무나 괴롭기에 더욱더 초조함과 불안이 커지고 말지요.

하지만 과호흡은 생명에 위험성도 없고 금세 진정됩니다. 괴롭더라도 이것만은 잊지 말아 주세요. 우선은 천천히 호흡하고 마음을 진정시키는 것이 중요합니다.

호흡에는 이런 효과가 있습니다

호흡은 언제 어디에서나 무의식적으로 하고 있지만, 호흡을 의식함으로써 릴랙스 상태를 만들기도 하고, 반대로 의욕을 끌어내는 것도 가능합니다.

사람은 불안이나 긴장 상태에서 무의식적으로 호흡이 얕아집니다. 그러므로 의식적으로 복식 호흡을 하여 심신을 안정시키면 불안이나 패닉이 잘 일어나지 않는 예방 효과가 있습니다.

복식 호흡

과호흡이 찾아왔을 때 가장 좋은 대처법은 배를 의식하는 호흡법입니다.

과호흡이 되면 숨을 잘 쉴 수 없어서 숨을 들이마시고 싶어지지만, 가장 중요한 것은 '천천히 숨을 내뱉는 것'입니다. 괴롭겠지만, 참고 숨을 내뱉으면 반드시 숨을 들이마실 수 있게 될 거예요.

이 방법을 호흡이 안정될 때까지 반복합니다. 손발 저림에도 효과가 있습니다. 손발이 차가워졌을 때는 몸을 따뜻하게 만들고 해 보세요.

❶ 입을 오므리고 천천히 길게 숨을 내뱉습니다.

❷ 더 이상 내뱉을 수 없을 때까지 숨을 내뱉었다면 코로 숨을 들이마십니다.

① 천천히 오랜 시간에 걸쳐 숨을 내뱉자.
② 금방 진정될 것이므로 조급해하지 말고 천천히 대응하자.

식욕이 없고 메스꺼울 때가 있다

발표회 등의 직전에 음식이 목구멍으로 넘어가지 않는 일시적인 증상이 아니라, 그 상태가 며칠이나 계속된다면 주의가 필요합니다. 노력파들이 일상의 스트레스로 인해 위통이나 메스꺼움을 호소하는 경우가 많은 듯합니다. 만약 그런 증상이 며칠이나 계속된다면, 위의 점막이 손상된 것도 의심해 봐야 하므로 의료 기관에서 진찰을 받아 보세요.

식사는 수면이나 운동과 견줄 수 있는 건강의 한 축입니다. 이 중 하나가 무너지면 다른 건강 문제를 일으키고 맙니다.

또한, 식욕이 없다고 해서 아무것도 먹지 않으면 도리어 위통과 메스꺼움이 일어납니다. 좋아하는 것이나 지금 먹을 수 있을 법한 것이라도 괜찮으니 조금이라도 식사를 하고 확실한 수면 시간을 확보하도록 합시다.

위와 스트레스는 크게 연관되어 있습니다

위는 스트레스의 영향을 받기 쉽다고 알려져 있습니다. 스트레스 상태가 지속되면 위장이 제 기능을 하지 못하거나 위산이 많이 분비될 수 있습니다. 또한, 수면 부족으로도 위통이 생길 수 있는데, 그럴 경우에는 푹 자면 금방 좋아집니다.

스트레스 코핑

생활 리듬을 지키자

위장 문제는 두통이나 몸의 통증에 비해 회복에 시간이 걸리므로 '좋아질 때까지 시간이 걸리는구나', '천천히 좋아지는구나'라고 의식하고 생활하는 것이 제일 좋습니다.
그리고 일상 속 생활 리듬을 조절하는 것에 마음을 집중시키면 조금씩 심신의 상태가 좋아질 거예요. 포인트는 가능한 한 동일한 패턴의 생활을 반복하는 것입니다.

- 매일 같은 시각에 일어난다
- 매일 같은 식사 횟수를 지킨다
- 매일 같은 시간에 잔다

겨우 이것뿐이지만, 이를 꾸준히 지키는 것은 의외로 어려우므로 가족의 협력을 받아 실천해 봅시다.
마인드풀니스(11쪽), 이미지 호흡법 Ⅱ(45쪽), 자율 훈련법(85쪽), 점진성 이완법(93쪽) 등도 잠이 잘 오게 하는 데 도움이 됩니다.

POINT
① 천천히 나아지자고 의식하자.
② 생활 리듬을 지키자.

누구와도 만나기 싫고 사라지고 싶다

예기치 못한 일이 일어나, 지금 여러분의 마음은 불행의 밑바닥에 있는 듯합니다. 그리고 '이 고통은 앞으로도 계속될 게 분명해. 죽으면 지금보다 분명 편할 거야'라는 생각이 머릿속에 가득합니다. 이러한 마음 상태를 '심리적 시야 협착'이라고 합니다. 사람은 너무나 고통스러울 때 마음의 여유가 사라져, 한 가지 일에 사로잡혀 다른 것이 전혀 보이지 않게 될 때가 있습니다.

그럴 때 '어차피 나 같은 건'이라는 자기 부정감과 '나 같은 건 아무도 걱정해 주지 않을 거야'라는 강렬한 고독감이 더욱더 여러분을 고통스럽게 합니다. 하지만 이것은 영원한 고통일까요? 정말로 여러분은 외톨이인가요?

심리적 시야 협착 상태입니다

이런 생각에 사로잡혀 있지 않나요?

나 같은 건 아무도 신경 쓰지 않아…….

사라지면 편해질지도 몰라…….

미래가 보이지 않아…….

무리해서 견뎌 보지만, 사실은 아무도 만나고 싶지 않아…….

심리적 시야 협착이란 스트레스 등이 원인으로, 눈에 보이는 범위가 좁아지는 것과 동시에 정신적으로 궁지에 몰려 사고하는 힘도 약해지고, 부정적인 방향으로 사고가 굳어져 버리는 마음의 상태입니다.

스트레스 코핑 │ 털어놔 보기

여러분이 안심할 수 있는 사람(47쪽)이나 도와줄 것 같은 사람(81쪽)에게 이야기를 털어놔 봅시다.

① 마음이 편안해지고 ② 문제가 정리되고 ③ 혼자가 아니란 것을 알게 되어 ④ 한 걸음 앞으로 내디딜 수 있을 거예요.

도저히 누군가에게 털어놓기 싫다면 여러분이 좋아하는 장소에 가거나 좋아하는 음악을 들어 보세요. 마음이 편안해질 것 같은 일들을 이것저것 시험해 봅시다.

POINT
① 가까이에 도와줄 사람, 내 편이 되어 줄 사람(게이트 키퍼)은 반드시 있다.
② 심리적 시야 협착은 누구에게나 일어날 수 있고 누구나 탈출할 수 있다.

멘탈 케어를 한 아이들의 목소리

나는 마음의 문을 닫고 있었으니까, 좀 더 주위 사람들에게 상담도 하고 릴랙스하고 싶다고 생각했다. 앞으로도 긍정적으로 문제를 해결하고 싶고, 지나치게 당황하지 않도록 하고 싶다.

릴랙스하는 것만으로도 내 마음이 굉장히 차분해지는 게 아닌가 하는 생각을 했다.

생각하는 것만 바꿔도 마음이 가벼워져서 신기했다.

'나를 칭찬하는 것'은 코핑 중에서 정말로 좋은 방법인 것 같습니다. 스트레스를 느꼈을 때 꼭 해 봐야겠다고 생각했습니다.

상담은 하는 것도 중요하지만 들어 주는 것도 중요하단 것을 깨달았다. 앞으로 누군가의 상담을 소중히 들어 주고 싶다.

지금까지 제가 했던 코핑 방법이 해서는 안 되는 방법이란 걸 알았습니다. 좋은 방법을 시험해 보며 스트레스를 줄여 나가고 싶습니다.

저자 소개

·········· **편저자** ··········

야스카와 사다아키

홋카이도교육대학 교직대학 원장.

나라현에서 태어났다. 도시샤대학교 문학부 졸업. 효고교육대학 대학원 학교교육연구과 수료. 중학교 교사·교육 위원회 지도 주사를 거쳐 현재에 이름. 임상 심리사.

·········· **저자** ··········

시바타 미츠히로

홋카이도교육대학 부속 구시로중학교 교사.

홋카이도교육대학 구시로학교 기술과 졸업. 홋카이도교육대학 대학원 교육학연구과 수료. 학교 심리사.

중학교 현장에서 오랜 시간에 걸쳐 학생 지도·교육 상담에 관한 연구를 진행하고 있다. 또한, 스트레스 관리 교육을 도입한 도덕 연구 및 실천을 하고 있다.

기스 치아키

홋카이도교육대학 부속 구시로중학교 양호 교사.

홋카이도교육대학 삿포로학교 양호 교원 양성 과정 졸업. 홋카이도교육대학 대학원 교육학연구과 수료. 학교 심리사.

중학교 현장에서 양호 교사로서 개별적인 스트레스 관리를 실천하고 있다. 또한, 보건 체육과·보건 분야의 수업에서 집단을 위한 스트레스 관리 교육을 연구·실천하고 있다.

선생님 · 보호자 여러분께

여러분은 10대 아이들의 SOS를 잘 받아들이고 계신가요?

"나, 아무것도 하고 싶지 않아……."

"나 작은 일도 너무 신경 쓰여서 못 견디겠어……."

언뜻 보기에는 별 느낌도 없는 이런 중얼거림을 듣는다면 어떻게 대답하시겠습니까?

"지금까지 잘해 왔잖아. 조금만 더 힘을 내면 괜찮을 거야."

"사소한 건 신경 쓰지 마. 신경 쓸수록 손해니까 앞을 내다보며 노력한다면 좋은 결과가 나올 거야."

이런 위로의 말이 긍정적으로 작용한다면 좋겠지만, 그렇지 않을 수도 있습니다.

이 책의 46가지 사례는 실제로 10대 아이들이 중얼거린 말들입니다.

불안과 긴장감, 분노, 초조함, 무기력감, 자기혐오, 건강 악화 등 한마디로 정리할 수 없는 고민을 안고 있으면서도 겉으로는 활기찬 듯 자신을 포장하며 하루를 견디는 아이들의 SOS입니다.

오랫동안 등교 거부 학생을 학교로 복귀시키는 일을 해 온 경험에서, 이러한 중얼거림을 먼저 어른이 SOS로서 받아들이는 것이 중요한 시작점이 된다는 것을 실감하고 있습니다.

아이들의 말 그 자체를 그대로 받아들이는 것이 가장 중요합니다. 성실하고 노력파인 아이일수록 자신을 궁지로 내몰기 쉽습니다. 주위의 기대에 부응하고 싶다는 마음에 과잉 적응한 상태로 괴로움을 좀처럼 겉으로 표현할 수 없기 때문입니다.

10대 아이들은 심신의 발달이 현저하게 나타나고 감정도 복잡하게 변화합니다. 중학교·고등학교 진학으로 인해 점점 환경이 바뀌어 갈 때마다 자신을 새로운 환경에 적응시키기 위해 필사적이지요. 즐거운 일도 많이 있지만, 현대 사회는 그 이상으로 스트레스가 넘치는 상태에 놓여 있습니다.

가정 환경도 사람마다 제각각 복잡한 가운데, 심신의 밸런스가 무너지기 쉬운 상황이 생긴다는 것은 어찌 보면 당연합니다.

고민을 안고 있는 아이들에게 어떻게 접근하면 좋을까요? 교육적 접근, 의료적 접근, 사회 복지에 의한 접근 등, 한 사람 한 사람 아이 개인에 맞춘 적절한 길을 찾을 필요가 있습니다.

이 책은 10대 아이들에게 '멘탈 케어'의 구체적인 방법을 알려 주기 위한 목적으로 집필하였습니다. 스트레스나 고민은 누구에게나 있습니다. 그것을 자신의 힘으로 케어하는 방법을 배움으로써 심신의 괴로움이 줄어들게 될 것입니다.

· '몸'을 움직여 본다 – 호흡법·점진성 이완법 등
· '사물 보는 법'을 바꿔 본다 – 사고 패턴의 전환
· '행동'을 바꿔 본다 – 새로운 습관 만들기

자신의 힘으로 멘탈을 케어할 수 있게 된다면, 아이들은 자신감을 얻고, 다음에 올 곤란한 상황에 맞설 힘이 솟아나게 될 것입니다.

다양한 정보가 넘치는 현대 사회입니다만, 이 책에는 학문적으로 뒷받침되고 실제 교육 현장에서 효과가 있었던 멘탈 케어 방법들만 실었습니다.

조금이라도 더 많은 아이들이 멘탈 케어 방법을 배워서 심신을 가다듬고, 진정으로 자신다운 인생을 걸어가길 바랍니다.

2020년 5월 야스카와 사다아키 (홋카이도교육대학 교직대학 원장)

ILLUSTBAN 13SAIKARANO MENTALCARE KOKORO TO KARADA GA RAKUNINARU 46 NO SELF MANAGEMENT

Edited & written by Sadaaki Yasukawa

Written by Mitsuhiro Shibata, Chiaki Kisu

Copyright ⓒ Sadaaki Yasukawa, 2020

All rights reserved.

Original Japanese edition published by GODO-SHUPPAN Co., Ltd.

Korean translation copyright ⓒ 2021 by LUDENS MEDIA Publishing Co., Ltd.

This Korean edition published by arrangement with GODO-SHUPPAN Co., Ltd.,

Tokyo, through HonnoKizuna, Inc., Tokyo, and Shinwon Agency Co.

역자 안수지

어릴 적부터 일본 문화에 관심이 많아 중학생 때 일본어 공부를 시작했다. 동국대학교에서 부전공으로 일어일문학을 이수하였고, 저작권 에이전시와
출판사를 거쳐 현재 프리랜서 번역가로 활동하고 있다.
번역서로는 『농담곰의 여유만만 간단 영어회화』(소미미디어), 『자존감 높이기』, 『마음 다루기』, 『발표력 키우기』, 『긍정으로 사고하기』(루덴스미디어)가 있다.

● 본문 조판   GALLAP
● 본문 디자인   고토 요우코 (모리디자인실)
● 장정   모리야 요시아키＋무츠키샤
● 일러스트   카와이 치히로, Shima.

▌▄■ 루덴스미디어

틴에이저 레벨 업 시리즈 ❶

13세부터 시작하는 사춘기 멘탈 케어

편저자 아스카와 사다아키
저자 시바타 미츠히로, 기스 치아키
역자 안수지
찍은날 2021년 1월 22일 초판 1쇄
펴낸날 2021년 1월 29일 초판 1쇄
펴낸이 홍재철
편집 이호경
디자인 장지윤
마케팅 황기철·안소영
펴낸곳 루덴스미디어(주)
주소 경기도 고양시 일산동구 무궁화로 43-55, 604호(장항동, 성우사카르타워)
홈페이지 http://www.ludensmedia.co.kr
전화 031)912-4292 | **팩스** 031)912-4294
등록 번호 제 396-3210000251002008000001호
등록 일자 2008년 1월 2일

ISBN 979-11-88406-97-5 44180
ISBN 979-11-88406-96-8(세트)

결함이 있는 책은 구입하신 곳에서 바꾸어 드립니다.
값은 뒤표지에 있습니다.